A Escuta

PAULA NASSER

A Escuta

(Um tempo para você em sua agenda)

Minha Editora

Editor gestor: Walter Luiz Coutinho
Editora: Karin Gutz Inglez
Produção editorial: Cristiana Gonzaga S. Corrêa, Juliana Morais e Lira Editorial
Diagramação: Lira Editorial
Capa e projeto gráfico: Departamento Editorial da Editora Manole
Ilustrações: André E. Stefanini (baseadas nos desenhos de Paula Nasser)

Dados Internacionais de Catalogação na Publicação (CIP)
(Câmara Brasileira do Livro, SP, Brasil)

Nasser, Paula
A escuta : (um tempo para você em sua agenda) / Paula Nasser.
Barueri, SP : Minha Editora, 2014.

ISBN 978-85-7868-173-9

1. Mulheres - Histórias de vida 2. Mulheres -
Relatos 3. Nasser, Paula I. Título.

14-03364 CDD-305.4092

Índices para catálogo sistemático:
1. 1. Mulheres : Histórias de vida 305.4092

1ª Edição – 2014

Direitos adquiridos pela:
Editora Manole Ltda.
Avenida Ceci, 672 – Tamboré
06460-120 – Barueri – SP – Brasil
Tel.: (11) 4196-6000 – Fax: (11) 4196-6021
www.manole.com.br
info@manole.com.br

Impresso no Brasil/*Printed in Brazil*

Este livro contempla as regras do Acordo Ortográfico da Língua Portuguesa de 1990,
que entrou em vigor no Brasil em 2009.

"Somos o que fazemos
daquilo que fizeram conosco"

JEAN PAUL SARTRE

Agradecimentos

A Deus, meu bem maior.

Aos meus pais, que me deram o privilégio de viver com eles. Por tudo o que me proporcionaram e também por aquilo de que me privaram.

Ao meu marido e filhos, pelo incentivo, paciência e compreensão.

A todas as mulheres participantes das rodas de conversa.

Ao João Palma, que reacendeu em mim o espírito escritor.

Sobre a autora

Paula da Silva Souza Nasser Borges (5/7/1973) é psicóloga, vem de uma família de cinco irmãs e um irmão e é casada com Paulo Nasser Borges, com quem tem dois filhos.

Após se formar, graduou-se em Terapia Familiar, atuando em consultório particular por 14 anos e na Prefeitura do município de Barueri por 18 anos, onde realizou inúmeros trabalhos de escuta e apoio social. Colaborou fortemente para a implantação de ações públicas em relação ao combate à violência contra a mulher e coordenou o Centro de Referência ao Enfrentamento à Violência Doméstica (Programa Casulo) do município.

Efetuou trabalhos voltados à criança, ao jovem e, mais recentemente, à mulher, no Espaço Mulher, também em Barueri.

Prefácio

Imagino que, para prefaciar um livro, é preciso conhecer minimamente o trabalho a ser prefaciado e, sobretudo, a sua autoria. Se for isso mesmo, estou muito à vontade para oferecer mais que um prefácio, ou seja, meu testemunho do profissionalismo que Paula Nasser Borges sempre imprimiu à sua atuação como psicóloga.

Paula é uma mulher de muita coragem, inclusive quando se insurge contra o atendimento fundamentado no *coitadismo*, que, a meu ver, também é um desses absurdos que atrasam e deturpam as boas práticas de políticas sociais, especialmente aquelas de atenção ao indivíduo.

Em tempos de Lei Maria da Penha, Paula é uma das poucas vozes que ouço propondo ações que foquem o homem agressor. Ela escreve:

"– Acreditem, eles também precisam de ajuda e de tratamento."

Há de se ter muita coragem, convenhamos, mas também uma compreensão plural do mundo que habitamos e da sociedade com a qual compartilhamos nosso dia a dia.

Neste trabalho, é possível compartilhar da experiência de uma psicóloga que vai muitíssimo além das doutrinas e dos textos acadêmicos. Paula sempre foi para as ruas ouvir e conversar, observar e partilhar. É uma extraordinária profissional que finalmente decidiu escrever e dividir conosco algumas angústias e, com isso, ensinar-nos muitas lições.

Eu aprendi várias.

João Palma

Introdução

Eu era ainda muito menina quando resolvi escrever meu próprio livro. Escrevia num caderninho de brochura, com letra de forma, porque achava que assim deveria ser. Duas vizinhas, professoras, de vez em quando me pediam o caderno emprestado para lerem. Fui escrevendo, mas, no final, o perdi. Eu nem sabia como faria depois, não tinha a menor ideia de como publicar um livro, apenas amava as histórias, gostava muito de ler. Mas trazia comigo a mania de modificar o enredo, pensava que podia dar um final melhor e isso ainda trago dentro de mim. Sempre que assisto a novelas e filmes, mudo o curso dos personagens; isso me diverte, ajuda minha criatividade e até meu trabalho.

Nas rodas de conversa, ouço muitas histórias, mas, na vida real, não caio na tentação de modificá-las, pois o meu fascínio neste caso não está na mudança, está na escuta, no interesse genuíno de saber como foi o desfecho real e principalmente saber o que a dona da história pensa sobre isso, como resolveu e por que o fez dessa maneira.

E aí quem faz mágica são elas: as mulheres a quem escuto. Elas contam coisas singelamente extraordinárias. Acho mesmo que os livros nascem assim. Do brilho que brota no fundo dos nossos olhos e no íntimo da nossa alma ao perceber detalhes ou estardalhaços nos movimentos sinuosos da vida de pessoas que escutam e assistem à magia passar como pano de fundo pelo narrador. É para poucos olhos. Mas estão aí, disponíveis para todo mundo. Este livro nasceu assim. Assemelha-se a uma colcha de retalhos.

É gostoso brincar com as palavras e muito divertido brincar com as histórias. Rubem Alves, meu ídolo (ele não sabe, mas espero que este livro conte a ele), diz que gosta de brincar com palavras e alimentos, sopa de letrinhas, literalmente. Identifiquei-me com ele em muitas e muitas linhas da literatura e da vida. Penso que a mesma paixão que ele tem em relação às crianças e à educação, eu tenho com as mulheres e suas famílias.

Assim, desejo que, por meio desta leitura, você, leitor, aprenda algo de novo sobre si, e se fizer o dever de casa (uma reflexão de amor, aceitação e respeito consigo), poderá escrever algo em seu coração.

As verdades mais profundas são aprendidas com os olhos do nosso próprio espelho e nos relacionamentos mais íntimos.

Sim, porque, de manhã, o espelho nunca me diz que estou bonita; ao contrário, ele faz críticas para que eu possa melhorá-las. Então eu tomo banho, arrumo meu cabelo, rascunho uma leve maquiagem, brinco com os adereços e, aí sim, posso sair de casa, tomar pé da situação, reconhecer-me e depois construir.

Ouço, há 12 anos, histórias das mais diversas. Gostaria de deixar claro que não são histórias de consultório, mas aquelas contadas nos bairros, nos grupos de apoio, nos encontros com amigas e conhecidas. Fico surpresa como as histórias de algumas mulheres puderam nos ajudar a resolver os problemas do cotidiano e aumentar nossa saúde emocional.

Pensei em dar o retorno dessas escutas por meio de palestras, mas então tivemos a ideia do livro, uma vez que sua maior abrangência pode alcançar um maior número de pessoas. O livro não trata apenas de histórias contadas exclusivamente por barueriense, mas por mulheres "enses" de todo o Brasil e quem sabe do mundo.

Rodas de conversa são mágicas! Elas produzem mudanças em nós sem nos obrigar, não tocam fisicamente, não invadem, usam apenas o poder das palavras e o arrepio suave em nossas emoções. É um cintilar sobre nossas condutas. Quando a mulher compartilha sua história, suas palavras e emoções tocam as outras, é uma transformação invisível. Ela se autotransforma e o faz em grupo, ela se reedita; o gosto disso é doce e amargo ao mesmo tempo. Ela *ressignifica*, ou seja, dá um significado novo a algo antigo que ela não tem como modificar.

Sabe aquela página da sua vida que você gostaria de rasgar para sempre? O *ressignificar* nos dá a oportunidade, não de rasgar, porque o passado não se muda, mas de modificar os significados. Puxa! Como são pesarosos alguns acontecimentos, porém *ressignificá-los* depende da nossa própria manutenção, uma vez que a ressignificação auxilia em processos inacabados. Uma vida feliz exige atenção. Preste atenção em você e em suas conquistas. Aprendemos com tudo aquilo que toca nosso afeto. Na roda de conversa, ela conta, ela divide, ela entrega!

Cito diversas vezes as Sagradas Escrituras (Bíblia); primeiro, porque é meu livro de cabeceira e, segundo, porque de fato acredito que as pessoas estão mais sensíveis à fé (cada uma à sua maneira) do que ao conhecimento. O emocional nos movimenta, ele rege nossas direções.

É difícil atravessar os períodos de provas em nossas vidas, mas esses desertos presentes no nosso caminho também têm suas vantagens: todo crescimento mora neles. Crescemos pouco no conforto; é no apuro que investimos mais de nós mesmos.

Este livro não foi feito para ensinar, mas, sim, para dar prazer. Não é escola, é emoção. É distração, reflexão, degustação e entretenimento. Ler provoca até ciúmes, sim, porque nos leva a uma viagem que é só nossa, onde não há lugar para mais ninguém, nem marido, nem filhos ou bagagens. A leitura é uma aventura que você experimenta sozinha.

Por que histórias?

Você já imaginou ou já se flagrou absorta em seus pensamentos, devaneios ou delírios em como seria fazer uma viagem no tempo da sua história de vida? Ou talvez entrar em um filme ou invadir um livro, já imaginou como seria isso?

Esta leitura é um pouco dessas coisas. É entrar na história de uma mulher e descobrir como ela vivia, quais eram seus sentimentos, suas atitudes. Ler essas histórias tem algo a mais: elas nos conduzem a caminhos e entram um pouco na nossa vida, uma vez que essas mulheres realmente existiram.

E por que ler os relatos de outras mulheres? Porque elas têm algo em comum conosco: toda mulher tem uma história. Então, entender um pouco da vida de outras mulheres nos ajuda a entender um pouco a nossa. As questões de gênero abrangem a todas nós.

Gosto do dito popular que afirma que um povo sem história é um povo sem futuro. São elas (as histórias) nossas melhores professoras. Aprender com os erros, refletir com a dúvida, admirar os acertos para que se tornem modelo e questionar as loucuras são alguns dos benefícios desta leitura.

Oxalá ao final desta viagem seja você quem tenha muitas histórias para contar e algumas para *ressignificar*.

A Escuta

(Um tempo para você em sua agenda)

I Parte

A mulher

Mulher, mulher

Há um tipo de mulher feliz e poderosa que vive longe dos holofotes, foge da academia, não acumula riquezas e muitas vezes não frequentou altas rodas sociais. Boa parte delas não possui nível superior. São verdadeiras heroínas, imersas no anonimato. Mulheres que nunca foram aplaudidas, mas obtiveram sucesso no ambiente doméstico e no seio familiar, o que é também uma grande vitória. Sua maior realização não foi se tornar grandiosa dentro dos padrões estabelecidos socialmente, mas grandiosa no ambiente familiar, com um bom casamento, criando filhos gentis e honestos. É um tipo de mulher e um tipo de felicidade.

Há também a mulher que estudou, galgou degraus na carreira, tomou para si o seu lugar (merecidamente) no mercado de trabalho, na política, na ciência e em outras esferas; é também um tipo de mulher e uma felicidade.

Somos mulheres incríveis, capazes de administrar milhões, conquistar pessoas, garantir espaços, mas, sobretudo, precisamos gerenciar nosso próprio crescimento, conquistando o território do nosso inconsciente, do nosso domínio próprio. Nosso lugar no mundo foi conquistado. Aprendemos com o tempo a ganhar espaços, mas reconhecer estratégias da nossa intimidade e aprender a conhecer a força dos opostos, inclusive dos nossos desejos, ainda é uma difícil tarefa.

Muita coisa nasce com as batalhas, portanto, não é vergonhoso lutar, desde que não se percam de vista os valores éticos de ser mulher, de ser humana. Algumas vezes, tenho percebido que a mulher precisa decidir entre ser doce ou guerreira, mas essas condições nem sempre são oponentes. Posso lutar sem ter de me tornar uma pessoa agressiva. Posso ser generosa, mas não boba, pueril. Você pode vencer obstáculos que a impedem de conquistar os seus sonhos. A maioria deles reside dentro de você, e não em um fator externo ou oponente.

Nem sempre o amor não combina com a guerra. É preciso ser guerreira para conquistar seu sonho, seu espaço e até o respeito. Mas a luta pode ser afetiva, uma luta de insistência para modificar alguma situação com sutileza, com perseverança, com feminilidade, sem perder a calma. Isso requer disposição e domínio próprio. Praticar a disciplina e a persistência.

Repetindo um trecho da canção de 1999 do grupo O Rappa, "Minha Alma (a paz que eu não quero)": "*paz sem voz não é paz é medo; qual é a paz que eu não quero conservar pra tentar ser feliz?*". Algumas vezes, temos de entrar em conflito com situações em nossas vidas para que a paz se estabeleça; a paz não brota, ela é uma conquista. Para isso, muitas vezes, temos que aprender a combinar opostos; não é possível escolher e ficar só com aquilo que realmente gostamos, ao menos provisoriamente.

O universo da maturidade é cheio de frustrações, mas saber como administrá-las é que nos coloca em uma situação de paz ou de insatisfação. O desejo mimado e infantil de querer tudo à nossa maneira não combina mais com a mulher que nos tornamos. O equilíbrio entre nosso desejo, o possível e o conteúdo frustrante deve ser cortejado.

Algumas vezes, temos para nós que somente a vitória irá nos satisfazer, mas aprendi com advogados que, muitas vezes, mais vale um bom acordo do que uma boa briga. Quando lutamos, temos de considerar os acordos, pois nem sempre teremos a vitória sonhada de forma tão romântica, tão nossa. Na maioria das vezes, ganhamos uma briga quando fazemos um acordo no qual nós também temos de ceder.

Precisamos negociar e nos comprometer. É necessário se superar, lutar contra si mesma, fortalecer-se, para só então batalhar com o outro. É um momento de superação, de lembrar que posso ser uma pessoa melhor na medida em que entendo de gente e só há uma maneira de entender de gente: é viver em sociedade, misturar-se, diluir-se.

Frequentemente, é preciso mudar as regras, as suas, a da família, do ambiente. Ouse transgredir o que está engessado ou morno demais. Permita-se errar. Erre de novo; com isso, você acumula experiência. Dê mais crédito a você mesma. Não se *vitimize* com as batalhas que sofreu, mas use-as a seu favor. O *autodeboche* e uma pitada de bom humor são ótimos pra isso. Pare de se torturar com culpas, com coisas que você não fez. Olhe e contemple o que fez e faz. Acidentes de percurso fazem parte do colorido da vida. Nossa vida é uma história breve. Que poético pensar assim, e lógico também. Sonhar, fazer, acertar e errar já tiram você da passividade, da mesmice.

Grandes conquistas sociais foram alcançadas por mãos de mulheres e em meio a lutas e perseverança, como o direito de votar e se candidatar às eleições, a abolição da escravatura, o planejamento familiar, a Lei Maria da Penha e tantas outras. Temos total capacidade de sermos *resilientes*, já que as oportunidades se criam no caos. Resiliência é a capacidade de atravessar crises aprendendo com elas e tornando-nos ainda mais fortes para as próximas que certamente virão. É manter o pensamento positivo e a certeza de que toda tempestade passa.

Mulheres poderosas são *autocontroladas* e isso fascina aos outros. Algumas vezes, a mulher se engana ao pensar que, para ser poderosa, é preciso ser rude e desprovida de afeto.

Você nasce ou se torna extraordinária? A boa resposta é que tudo pode ser treinável. Se tenho pouca paciência, treino e desenvolvo a característica de ser mais paciente; se sou pouco *resiliente,* idem. Enfrente seu medo, aproxime-se de seus fantasmas, conheça suas sombras, lide com a *autossabotagem*, que nada mais é do que você puxar o tapete de seus próprios pés. Começo a dieta, não termino. Começo um curso, desanimo. Enfrente essa sabotagem e vença. Não duvide de seus desejos, alimente-os.

Não faça pouco caso das vitórias parciais, senão vem o enfraquecimento. É por causa das lembranças de situações que já venci que posso me fortalecer hoje para saber que tenho condições de lutar amanhã. Alimente-se da sua força. Aprender a lutar por você e por seus objetivos não é egoísmo, é amor-próprio.

A *autossabotadora* vem perguntar: quem sou eu para ser brilhante, atraente, talentosa e incrível? Em verdade, quem é você para não ser tudo isso? Bancar a vítima não ajuda o mundo nem a si mesma. Não há nada de brilhante em se encolher para que as outras pessoas não se sintam inseguras em torno de você. E, à medida que deixamos nossa própria luz brilhar, inconscientemente, damos às outras pessoas permissão para fazer o mesmo. Saiba usar aquilo que você aprendeu. Não acumule seus dons em gavetas, pois eles mofam. Coloque suas habilidades à mostra.

Não tema ser observadora, é inteligente e estratégico. Mas ser *escutadora* é um bálsamo para você e para quem convive com você. Não condene antes de saber o porquê. Dê chance ao outro para mostrar quem de fato é, seja homem ou mulher. Mas não permita acreditar que só você é o problema, que seus desejos merecem punição.

Existem pessoas que acreditam em Deus como uma imagem de um ser carrasco ou sádico. Ele se torna carrasco quando acreditamos que Ele está disposto o tempo todo a nos observar para nos punir a qualquer deslize ou falha humana; e sádico quando cremos que devemos nos sacrificar fisicamente, andar de joelhos, passar fome, fazer tudo pelos outros, dar mais oferta do que se pode à igreja. Penso que Deus é amor. Por tudo que li até hoje, vejo que Ele está sempre preocupado em resgatar a humanidade. Converse com Ele. Você não precisa fazer uma viagem a um país distante e ficar lá em purificação por dias. Ele é acessível.

Cultive sua autenticidade. Acreditar e viver aquilo que diz é fundamental para não se sentir artificial, mas não alimente apenas uma criança ingênua dentro de si; mescle ações: seja misteriosa e simples. Boa sem ser bobinha. Mulher não pode se sentir culpada pela vitória. Em luta, insinue poder, não revele o quanto está sofrendo. Este é o segredo para balançar o outro e não permitir que ele se sinta ainda mais poderoso.

O inimigo mais sedutor pratica o equilíbrio de poder, concede-lhe pequenas vitórias, informações parciais e reações emocionais cuidadosamente medidas. É um jogo, só alimenta incertezas. Quer lutar? Aprenda a manusear essas espadas. Contudo, saiba reconhecer que algumas coisas estão fora de seu alcance, nem tudo pode ser executado da forma como planejamos. Busque o discernimento. Como reza a oração da serenidade: "Concedei-me, Senhor, a serenidade necessária para aceitar as coisas que não posso modificar; a coragem para modificar aquelas que posso e a sabedoria para conhecer a diferença entre elas".

Algumas mulheres experimentam uma anorexia simbólica: sentimento forte de *autorrejeição*, isto é, uma opção pela impotência, pela economia de lutas e conflitos. Nosso posicionamento precisa gritar de vez em quando. E, quando vencemos, é porque somos melhores que o perdedor, mas não precisamos tirar-lhe a dignidade. As batalhas atuais são ganhas pelas ideias, é o conhecimento que move o mundo, não a força. Por isso, precisamos abastecer nossa alma diariamente. Revigore suas forças, não se esqueça que você tem um lado espiritual que não pode morrer de fome.

O mundo é visual, seu corpo pode ser visto e respeitado como sua primeira força: trate bem dele, como você acha que deve ser. Não precisa virar uma atleta, mas não dá para viver negligenciando, porque ele irá reclamar, cedo ou um pouco mais tarde.

Lembre-se que não é necessário se vingar. Deus se encarrega disso (há um capítulo mais à frente dedicado ao perdão). Nem sempre seu opositor é seu inimigo mortal. É mais um oponente: quanto mais lutas travamos, mais os conhecemos. Eventualmente isso pode ser proveitoso. Aprendemos com eles, por mais desprezíveis que pareçam. Descubra qual é a maior força do opositor porque nisso reside também sua maior fraqueza, e lembre-se de se preparar para ser ferida, pois isso certamente acontecerá.

Domine o seu desejo de agradar o outro compulsivamente. É uma sedução que pode nos levar à ruína em vários segmentos. Muitas vezes, a compulsão por agradar é nossa maior inimiga.

Não tenha pressa. Aprenda a segurar sua voz interior por um momento. Conheça mais sobre si mesma, é enriquecedor. Não permita que seu ego fique maior que o seu objetivo. Desarmar a raiva de um antagonista é a mais poderosa de todas as armas. Se incomodamos em demasia é porque somos admiradas. É preciso saber fechar o livro. Existem guerras em que a gente precisa *bater em retirada*. Mais uma vez, torna-se necessário o discernimento.

Cuidado com a *autodestruição*. Sair do emprego batendo a porta ou terminar um relacionamento sem antes o amadurecer é *autodestrutivo*; abandonar uma relação de amizade ou afetiva também. Por meio desses atos, você destrói algo em si mesma, talvez a capacidade de reatar os laços que permanecem ou treinar sua capacidade de perdoar pequenas falhas. Precisamos saber encerrar. Dizer adeus numa página em branco, limpa. Tente resolver; mesmo que não tenha um final feliz, que fique resolvido.

O *não* também constrói sua força, então, saiba como e quando o usar. Conheça suas armas e saiba como manuseá-

-las. Não tema os nãos. O nosso inconsciente não reconhece o não, vivemos pela lei natural do mínimo esforço. Nós esperamos sempre o sim, que tudo dê certo para nós, farol verde em todos os cruzamentos. A perseverança não vem pronta, nós vamos juntando pedacinhos dela. É uma professora sábia, uma avó amorosa.

Coisas da sua vida podem tornar-se suas armas. Cultura, conhecimento, bom humor, cabelo, maquiagem, roupas são formas de poder também, use-os a seu favor. As lágrimas são símbolo de força e sinceridade com os sentimentos, mas precisam estar sob controle. A presença feminina vestida com roupas femininas é uma arma! O *autocuidado*, os gestos, nossos movimentos e conduta falam.

A paz pode nascer de uma vitória ou de uma derrota. Reconhecer uma frustração e lidar bem com ela pode ser muito vantajoso. Você encontra a paz em meio às ações. Então se mova, não fique paralisada. Paz é também a compreensão daquilo que não se quer, portanto, olhe a sua volta.

Lute por aquilo que é importante para você, mas não leve tão a sério. Lembre-se: a vida é mais do que isso, sempre. Entenda que você não controla nada, a não ser suas percepções. Quando uma vela brilha mais? Na escuridão. Aguente a guerra, atravesse o seu deserto. Liberte-se de seu ego invejoso e todo certinho, pois dar mais leveza a erros, enganos e bobagens que cometemos é mais gostoso.

Um janeiro, um início

Pensei em adiantar o livro em uma viagem, de preferência à praia, assim talvez eu pudesse ter inspiração o suficiente para iniciar um romance, mas isso não aconteceu. No entanto, outras inúmeras coisas aconteceram. Quando silenciamos o mundo ao nosso redor ou quando nos afastamos da rotina ensurdecedora em que vivemos imersos, podemos ouvir a nossa alma. Ouvir sobre nossos medos e desejos. Namorar nossos sonhos.

Nesses dez dias de férias com meus filhos, não olhei o relógio nem para levantar, nem para deitar. A hora do almoço era a da fome, a hora do cinema era a hora da chuva, e a hora de deitar era a hora do sono; e assim foi. Uma experiência desafiadora para alguém quase escravizada pelo relógio. E o pobre relógio não tem culpa do controle que eu o permito ter sobre mim. Eu visto relógio. Costumava brincar e dizer: sofro da síndrome do logo. Tomar banho logo para sair logo, para trabalhar logo, deitar logo, e assim vai.

Ali não, ali o relógio foi o sol, o vento, a chuva e a fome. O celular ficou sem sinal! É tão maravilhoso quando descobrimos um pedacinho de felicidade em coisas tão singelas. Aliás, toda viagem é um fascínio. Quem já não fez uma retrospectiva de sua vida ou pelo menos dos últimos acontecimentos na poltrona de um avião? E se algo me acontecer? O que eu teria feito diferente?

É estarrecedor viajar porque, antes de sair de casa, primeiro, você necessita viajar para dentro de si. Sim, quando viaja, percebe o quanto reclama, o quanto elogia, se ofende alguém no trânsito, se briga com os companheiros de viagem ou se diverte com eles. Viajar dá trabalho, mas rende muito.

Aprendi que temos de viajar sem malas. Sem malas de preocupação, de vontade de ter controle a respeito de tudo o que acontece dentro de nossa casa; sem malas de ansiedade com o dinamismo do nosso trabalho sem a nossa presença; sem malas de saudade da família que não levamos (ainda bem); e com um objetivo: descansar. Despojar-se de tudo para aproveitar o máximo. De que adianta viajar e ficar telefonando para casa, a fim de saber e controlar tudo o que está acontecendo?

Muitas mulheres buscam o amor verdadeiro, o emprego perfeito, a família ideal, e aí saquei em mim algo assim: a minha viagem e de muitas mulheres precisa ser para dentro de nós. É necessário um desembarque, tirar as malas, rever inclusive essa bagagem que carregamos, tão pesadas e com tantos itens, por vezes, desnecessários. Esse momento de isolamento, escuta interna e autoanálise seguramente lhe proporcionará lucros de ser uma pessoa melhor, mais feliz e capaz de fazer o outro feliz também.

Histórias das origens

Salgadinho amargo

"Eu, Sônia.

Eu nunca mais vou esquecer. Eu estava saindo da aula, mamãe como de costume foi me buscar. Pegou-me pela mão, suas mãos grandes, ásperas pelo trabalho doméstico, sem esmalte, carinhosa, porém meio desajeitada, era assim. Andando pelas calçadas tortuosas, eu ainda poderia ver a escola, e mamãe me perguntou com aquele sorriso largo no rosto, como sempre:

– Filha, você quer um salgadinho?

De imediato, aceitei feliz e saltitante. Salgadinhos! Não era toda semana, uma vez no mês e olha lá. Fui pulando em direção ao bar e ela segurando minha pequenina mão. Que segurança eu sentia com ela: mãos grandes, coração grande, coragem e firmeza. Mamãe sempre tão dona de si.

Escolhi o salgadinho tão feliz e ela foi pagar, e então olhei para o alto: vi o rosto de mamãe e do dono do bar, ela tirou do bolso um pedaço retangular de folha de caderno e entregou ao dono do bar. Aquela cena eu carrego na memória como em câmera lenta: sua mão, segura do que estava fazendo, seu olhar penetrante, com toda a certeza do mundo (e eu não entendi nada), o dono do bar, com mais certeza ainda, exclamava cada vez mais alto, contestava que aquele pedaço de papel não era dinheiro, e ela... Ela gritava que sim, e eu emudeci e também ensurdeci por alguns instantes, assistia a uma cena em preto e branco, em câmera lenta e sem sons. A cor e a voz da vida se foram naquele momento e demoraram a voltar.

Isso aconteceu assim, as cores de minha vida, parecia que vinham de mamãe e, de repente, a fonte inesgotável secou.

A polícia veio, apagou tudo. Levaram mamãe.

Lembro que dentro de alguns dias fui vê-la, careca, camisa de força e separada de mim por grades em um hospital psiquiátrico, que hoje tem esse nome, mas na época a gente chamava de hospício mesmo. Era assim que as crianças da escola riam de mim, porque só eu na escola (para mim era só eu no mundo) tinha uma mãe no hospício.

Só depois de adulta fui entender o que ela tinha: esquizofrenia. Até o nome é esquisito. Cindida. Mas agora ela se foi, espero que esteja inteira."

Mamãe sem memória, mamãe com história

"Tive uma mãe muito caprichosa. Sim, dessas que cuidam do jeito como arrumamos o cabelo, com a letra bonita no caderno, com os dentinhos bem escovados, cuidava do meu jeito de sentar:

– Não pode mostrar a calcinha.

Cuidou, cuidou, cuidou.

Não houve uma pessoa que fosse em casa nos visitar que saísse sem provar os deliciosos bolos de mamãe. Era hospitaleira, tão boa amiga e anfitriã. Dessas que cuidam da casa, das flores no jardim, da camisa do marido, da mesa bem colocada e prezam pelos bons modos de nós, filhos.

Mas, com certa idade, mamãe começou a guardar chocolate dentro do forno, pão de queijo na gaveta e sorvete no armário. Parecia ter virado atleta, andava tanto sem cessar que perdeu peso de fazer inveja à melhor dieta. Mas, em suas tantas andanças, mamãe esqueceu de voltar... porque se esqueceu de onde mora, com quem mora e quem ela é. Momentaneamente lacunas apareceram e buracos negros surgiram. Um teste de paciência para toda a família e uma prova de amor para os filhos.

Desafiador: como cuidar de alguém que cuidou tanto de mim? Parece simples quando dizem que eles são como crianças e que, como tal, precisam de atenção e amor; só que as crianças evoluem cada dia mais e a doença é degenerativa, o paciente perde, cada dia mais.

Às vezes, ter senso de humor ajuda em questões mais duras: eu estava sentada com mamãe no sofá e meu pai passou por nós para procurar algo na gaveta. Como não encontrava, me chamou. Quando me levantei, mamãe perguntou:

– Aonde você vai?

– Vou ali ajudar meu pai, eu já volto.

Então ela sussurrou em tom de uma confidência:

– Não vai, não, ele não é seu pai!

– Oh, mamãe, depois de 48 anos, só agora a senhora me conta!

Dei uma gostosa gargalhada e fui ajudar meu pai que fingiu não perceber a conversa.

Quem ajudou com mamãe foi minha irmã; eu a ajudo financeiramente em tudo que posso e passo todos os dias após meu expediente para lhe dar um beijinho. Frequentemente ela me esquece, pergunta lá de dentro quando me vê chegar:

– Quem é você?

Outro dia, a vizinha presenciou a pergunta e veio me questionar:

– Por que você vem todos os dias? Ela nem sabe quem você é!

E eu digo:

– Ela não sabe quem eu sou, mas eu sei bem quem ela é.

Este é o motivo para eu não desistir dela. Ela é o meu amor. Mãe é para amar e nem sempre ser compreendida."

Mamãe, luz (13 de dezembro)

"Eu tive uma mãe assim: de mãos ásperas porque já trabalhou na roça.

Eu tive uma mãe assim: que não falava de afetos porque foi criada apenas pelo pai e irmãos.

Eu tive uma mãe que fazia bolo cheiroso todas as vezes que recebia visitas.

Eu tive uma mãe que sabia de prendas domésticas.

Eu tive uma mãe que ensinou o caminho da verdade.

Eu tive uma mãe que nunca fez dieta, porque sempre se preocupou com o alimento da alma.

Eu tive uma mãe que nunca juntou dinheiro, não por imprudência, mas porque nunca teve.

Eu tive uma mãe que nunca fez dívidas, porque sempre foi ponderada.

Tive uma mãe frágil, e isso fez dela a mais forte das mulheres.

Hoje é o aniversário de mamãe, mas ela não está mais aqui. Sempre chamei mamãe apenas de mãe. Um dia me encontrarei com mamãe e poderei chamá-la assim.

Mamãe, eu te amo!"

Pai é pedra que fundamenta a gente

"Eu, que perdi meu pai.

Ele cresceu no interior de São Paulo, família simples e honesta. Trabalhou logo menino e casou-se ainda muito jovem. Ele teve com mamãe sete filhos e cuidou legitimamente de todos eles. Trabalhou muito. Quando a metalúrgica entrou em falência, arrumou outro jeito de ganhar a vida. De desenhista, virou caminhoneiro. Tantos prejuízos com essa experiência!

Fez uso de bebida alcoólica de forma abusiva nessa época. Devia estar perdido. Recuperou-se. Arrumou outro trabalho: letrista. Muito trabalho, pouco dinheiro.

Só nos exigia uma coisa:

– Estudem.

Cuidou de tanta gente, mas depois que mamãe se foi, ele não durou três anos. Um homem que faz a diferença. Dá uma saudade.

Dentre tantos começos gostosos e difíceis na vida, agora penso no término. Sim, porque lembrar de como iniciamos nossa relação com nosso pai é saboroso. As lembranças da infância, o cuidado, a brincadeira, o carinho, o amor, o esforço no trabalho para manter a família. Tantos investimentos.

Mas o final a gente não sonha, não espera, não constrói. O final é abrupto, é um rompante, uma trombeta que soa quando não esperamos. Como vivenciar a relação ou quebra da relação com o pai através da ruptura de dor maior, que é a morte?

Perder o pai dói. Ter pai é ter uma retaguarda; só o fato de saber que ele existe confere uma segurança bem especial.

Parece um grito sem som, como naqueles pesadelos infantis em que não conseguimos gritar, apesar da agonia e dos esforços. Um som de dor que quer sair, extinguir-se, mas não vai. Não vai embora a dor.

A gente quer esvaziar-se da dor, chorando, contestando, questionando, mas não há resposta. Talvez haja desculpas, o médico, o hospital, a família, mas, quando a hora vem, começo a entender um pouco sobre a predestinação, sobre termos a nossa hora marcada na agenda de Deus, na agenda do Pai maior, que é o dono de nossos dias e de nossa partida.

A vida nem sempre continua; ela tem curvas ou solavancos e então recomeça. É imprevisível, desconcertante, mas sabiamente perfeita, funcional."

Morte, um capítulo à parte – o luto

Para falar de um tema tão doloroso e triste, quero embalar você em uma canção de Toquinho e Vinícius de Moraes:

> Tem dias que eu fico pensando na vida
> E sinceramente não vejo saída.
> Como é, por exemplo, que dá pra entender:
> A gente mal nasce, começa a morrer.
> Depois da chegada vem sempre a partida,
> Porque não há nada sem separação.
> Sei lá, sei lá, a vida é uma grande ilusão.
> Sei lá, sei lá, só sei que ela está com a razão.
> A gente nem sabe que males se apronta.
> Fazendo de conta, fingindo esquecer
> Que nada renasce antes que se acabe,

E o sol que desponta tem que anoitecer.
De nada adianta ficar-se de fora.
A hora do sim é o descuido do não.
Sei lá, sei lá, só sei que é preciso paixão.
Sei lá, sei lá, a vida tem sempre razão.

Luto e luta, nossa língua é divertida. Quando perguntamos se alguém está bem, é possível ouvir como resposta:

– Estou na luta.

Porque lutar é viver, é movimentar-se, tudo se inicia com batalhas. Elas dão sentido à vida. E a morte faz parte da vida também.

A morte não precisa ser vista como má. Ela nos acompanha desde que nascemos, nos margeia, é ciliar aos nossos movimentos e andanças, nos acompanha silenciosamente, passo a passo, mas ela não pode nos tocar. Não sem uma permissão especial, do Dono da vida e de nossos dias. Por esta razão, não precisamos nos apavorar.

Mas, toda vez que ela toca, com suas mãos gélidas, alguém próximo ou especial para nós, é hora de conversar com ela. Sim, conversar: "e se fosse eu? Se hoje fosse o meu dia? Estou vivendo de maneira razoável?".

Ela pode nos oferecer lições incríveis. Ela pode nos ensinar a viver melhor. Paradoxal, mas real. Quem está se despedindo da vida precisa apenas de conforto; se disser que está morrendo, converse sobre isso. Ouça seus medos e temores, não desconverse, é um assunto, é um aprendizado.

Jesus sabia que iria morrer, mesmo assim e por isso mesmo, viveu intensamente.

A morte vem com uma indigesta mensagem: "nunca mais". Não há nada mais cortante e doloroso do que ouvi-la. Durante um velório, onde tudo parece preto e branco, as pessoas se movem em câmera lenta e balbuciam palavras incompreensíveis. Você as olha e não as sente. É apenas uma lembrança fotográfica, uma presença "quentinha", que conforta, mas nada do que ela diz ameniza a dor dessa hora, porque o sofrimento é incomensurável.

Penso que as frases, declarações e reconhecimentos mais sinceros e bonitos são feitos num cemitério. Lugar frio e triste, de despedidas e sinceridade. Por isso também a letra da música diz que é preciso paixão, mas enquanto há tempo. O livro de Eclesiastes já nos ensinava que tudo é vaidade, trabalho, dinheiro, correria. A nós, resta apenas viver.

A morte de repente

"Há muitos anos, na cidadezinha pequena onde nasci, as crianças tinham o hábito de se reunirem na rua para brincar. A cidade ainda estava em desenvolvimento e havia muitas ruas sem asfalto. Naquele bairro onde eu morava, coincidentemente, muitas crianças haviam nascido na mesma época e éramos em aproximadamente 20 meninos para brincar.

Entre grandes e pequenos, nos misturávamos todos e, como todos se conheciam, as mães ficavam sossegadas dentro de casa enquanto nos divertíamos com as brincadeiras de crianças: pega-pega, folhinha verde, taco, esconde-esconde, corda e tantas outras. Diversão completa!

Em nosso bairro, havia também um bar. Meu pai chamava de boteco e não gostava que fôssemos lá, porque não era lugar de criança. Mas até o bar, que era de uma das vizinhas, de certo modo tinha também um ar familiar. Todos os dias nós brincávamos na rua, mas era nos fins de semana que a rua ficava mais agitada, porque o bar enchia de pessoas para beber, jogar e, em especial, naquela noite, tocar um samba, uma vez que era época de carnaval. O samba tocava tão animadamente que a rua toda ouvia, e mesmo quem não gostava saía em frente a sua varanda para observar ao menos o movimento. Acho mesmo é que o samba não deixava ninguém parado.

O bar ficava numa bifurcação tipo 'T' e, em uma das esquinas, havia um muro inacabado de uma casa recém-construída. As pontas do ferro em que se consolidava a coluna de sustentação do muro estavam à mostra e alguém teve a ideia de amarrar ali uma corda. Então, cada criança (tinha que ser pequena porque o muro não era tão alto, não mais que 1,70 m) invariavelmente passava ali e dava uma balançadinha, pra lá e pra cá, e vinha outra e outra até que minha mãe, do alto da rua, chamou meu nome.

Ah, fiquei contrariada. Queria brincar mais, mas era hora do banho e ela, brava, foi me buscar. Apanhou-me pelo braço e veio meio que me puxando. Quando estávamos bem perto de chegar em casa, vi que uma vizinha, olhando para o samba, desmaiou.

O samba parou. A cidade silenciou.

Olhei para trás e o balanço fez alguém dormir para sempre. O muro caiu sobre uma das crianças e a tristeza tomou conta dos nossos corações. Eu não entendia muito bem, mas minha mãe fez questão de ensinar que há vida com Deus depois desta aqui na Terra, e que esta amiguinha estaria muito feliz lá em cima. Oramos por aquela família por muito tempo e tornou-se um hábito levarmos flores ao cemitério ao menos durante os dois primeiros anos de sua morte.

A mãe dela é quem nos levava, mas alguém percebeu que minha presença incomodava um pouco. Eu era apenas uma criança de seis anos e que também me sentia triste com a partida da amiga, porém, diante disso, minha mãe não me deixava mais ir ao cemitério. Hoje entendo que uma pergunta poderia deveria ter ocorrido a essa mãe:

– Por que minha filha? Por que não a filha de fulana?

E, quando a morte bate na porta de nossa casa, perguntamos sempre:

– Por que ele? Por que agora? Por que desse jeito?

Perguntamos para ganhar tempo, para ver se, numa fração de segundos, a imensa dor fica pra depois."

A tristeza da morte

Ao final de uma das tragédias escritas por Shakespeare, em 1591, *Ricardo III*, o autor finaliza simplesmente com uma frase de duas palavras: "Ele morre".

O que há de tão comunicativo e doloroso nessa simples frase a ponto de me fazer chorar? Apenas uma descrição enxuta e fria? Não! A dor não foi da morte, mas pela representatividade que a pessoa que se foi teve em vida.

Em uma das rodas de conversa, passei por uma experiência dolorosa e arrebatadora. O tema era "ser mãe". A mãe que as pessoas tinham ou a mãe que se tornaram. Lancei para o grupo quatro frases e elas poderiam escolher apenas uma, seja por concordar ou não, e então explicar seu motivo.

No tema "Mãe protetora, risco ou benefício", uma das mães, Teresa, contou que, apesar de todo seu cuidado, ela perdeu um filho enquanto ele estava na escola. Ela disse que sempre cuidou bem de seus filhos, porém, em determinado dia, um deles se envolveu numa briga escolar, e o outro jovem, de 16 anos, sacou um revólver e o matou. Contou que não há dor maior. "Você conta que Deus pode protegê-lo e, quando isso, por razões misteriosas, não acontece, você sente que o próprio Deus te abandonou e essa é a verdadeira solidão, é experimentar a mais profunda tristeza".

Sem dúvida, perder um filho é uma dor indescritível, mas assim como não estamos mais simbioticamente ligados aos filhos quando nascem, não o podemos estar quando partem; a mãe que fica precisa continuar viva e não renunciar à sua jornada, que continua.

Na medida em que Teresa ia contando sua história, eu sentia uma tristeza profunda, por ela. A dor de perder um filho mexe com todas as mulheres, sobretudo as mães. Eu ia observando as demais pessoas e o silêncio sepulcral que se fez no ambiente. Os olhares outrora tão ávidos para opinar agora se nublaram de tristeza, de lágrimas e, acredito, por uma fração da dor daquela mulher que compartilhava. A cumplicidade e o respeito invadiram o grupo de forma tão intensa, homogênea e acolhedora que tive forças para conter meu choro, pois a alegria de poder vivenciar aquela experiência foi por demais gratificante.

Queimadas pelo álcool

Resolvi incluir este assunto, a bebida alcoólica, porque percebi o grande número de mulheres que sofreram por causa da dependência química de seus pais. Seu desafio, com esta leitura, é entrar em contato com sua própria história para que possa dar-lhe um novo significado e assim viver livre de um sentimento ambivalente. Sofremos por carregar uma história mal resolvida e um peso que não nos pertence.

Pais alcoólatras aprisionam pessoas, as fazem seus reféns, os *codependentes*. É um dos grandes sofrimentos da humanidade. Quem conviveu com pai alcoólatra sabe que, sem perceber, você se torna parte da história da dependência ao se tornar *codependente*, pois assume responsabilidades que não são suas. A família fica desfocada, disfuncional. Modifica a ordem natural das coisas, do papel de cada um.

Então, como se fosse um alarme para avisar sobre o perigo eminente da família, os sintomas começam a aparecer, alguns na dinâmica familiar e outros no próprio *codepen-*

dente: filhas perfeccionistas, transtorno obsessivo-compulsivo, gastos excessivos, problemas com depressão, obesidade, fortes sentimentos de culpa, vergonha e tantos outros. Tudo é parte de uma grande desordem afetiva.

O *codependente* sofre de baixa autoestima e de uma forte compulsão por ajudar, mas, ao mesmo tempo, possui um forte desejo de controlar e modificar o outro à sua maneira, e, como não consegue, sente uma enorme frustração e culpa. O seu coração fica muito ansioso por aceitação porque viveu num deserto emocional. O sentimento de carência avoluma-se. Um sentimento de rejeição instala-se e, comumente, num mecanismo de defesa, o *codependente* adota envolvimentos superficiais: horas exaustivas no trabalho, nos estudos ou em outra atividade em que a relação de afeto fique em segundo plano.

É comum ainda a repetição *intergeracional*, na qual a mulher passa a buscar companheiros problemáticos, em uma busca inconsciente do modelo paterno. Tenta reviver com o companheiro os afetos negligenciados pelo pai, mas a tão desejada satisfação afetiva não é estabelecida porque o outro também está em busca, repetindo o ciclo.

Algumas vezes, é nesse momento em que ocorre uma separação; outras vezes, mesmo em meio a muito sofrimento e infelicidade, a mulher mantém o casamento, porque, de certa forma, sente-se confortável em manter um lar disfuncional como o de sua origem.

Para que a mudança ocorra, em primeiro lugar, é preciso reconhecer quem somos e o que sentimos. Cuide-se para não ver o seu pai através dos olhos de sua mãe. Essa relação não é com você, não faça um "caixa 2" afetivo com contas de mágoas que pertencem (se é que pertencem) a sua mãe. Cada um é responsável por suas escolhas, então o outro precisa decidir parar de se prejudicar.

Enquanto isso, você precisa prestar atenção em si, na sua vida, que, em muitos aspectos, também pode estar negligenciada. Inicialmente, essa experiência pode parecer bem desconfortável, mas é como ginástica: quanto mais fizer, melhor fica. O distanciamento do problema traz uma sensação de vazio, é o momento de você buscar preencher com situações mais saudáveis. Chorar pode ser útil, pois ajuda a aliviar a tensão nesse processo de desprendimento. Permita-se curar suas feridas em busca de uma vida nova; você merece!

Amizade

Não é imprescindível que estejamos com a amiga sempre, rotineiramente, e nem ter algo em especial para realizar; para estarmos juntas, basta o pretexto de nos vermos, sobretudo, de nos ouvirmos. Nossa atenção é nossa essência. Cuidar, mesmo que de longe, desejando o bem e o sucesso dela. Amigas às vezes precisam se afastar para silenciar, amigas se afrontam e por vezes se ofendem, isso não significa que a amizade enfraqueceu. Amigos falam coisas difíceis de digerir, por isso o tempo de pausa é amigo, e não ponto final da amizade.

Era uma vez Laura

"Eu sou o tipo de pessoa de personalidade forte. Não escondo os sentimentos, não. Não sou meio doida como dizem, me acho bem normal. Sou explosiva, choro toda vez que achar que o devo fazer, discuto no trabalho em voz alta, não há discrição em mim, nem no âmbito público e muito menos no recôndito familiar. Todo mundo que me conhece já se acostumou: comigo é tudo explosão. Mas uma vez aconteceu uma história com minha amiga, que se fosse comigo, juro, eu tinha matado meu marido.

Minha amiga (amigona do peito!) casou-se na mesma época que eu, fui madrinha dela e ela minha. Uma quase irmã. Depois de alguns anos de casados, eu descobri, por meio de outras pessoas, que o marido dela (que também era meu amigo) a estava traindo. Saindo mesmo, namorando com outra mulher. Eu queria bater nele em praça pública, mas, surpreendentemente, eu consegui não fazer isso, sabe quando? No dia em que eu mesma o vi numa rua, estacionando o carro dele em frente à casa da amante. Não titubeei, parei o meu carro atrás do dele. Em seguida, a namorada veio recebê-lo no portão com beijinho e tudo. Eu desci do carro.

Ao me ver, Lúcio, que era negro, ficou branco, de *paúra*, provavelmente por conhecer esse meu jeito 'discreto' de resolver meus problemas. Desci, cumprimentei, ele emudeceu. Então ela perguntou quem eu era. Eu só respondi que era amiga dele. Cumprimentei-a também e avisei que vi o carro dele e resolvi conversar um pouco e que todas as vezes que o encontrasse, como gosto muito dele, eu iria parar para conversar.

Brevemente ele inventou uma desculpa, disse que tinha que ir embora, e eu o segui com meu carro. Mais pra frente, ele parou para conversarmos. Desci do carro com o dedo em riste:

– Escuta aqui, Lúcio, eu sou sua amiga, mas sou amiga da sua mulher, então, cara, não vou deixar você fazer esta loucura com ela. Ou você conta ou eu conto, enquanto você decide eu vou te seguir, porque você está cego!

Encontrei com ele mais umas duas vezes, segui-o e quando ele percebia minha presença, em alguma lanchonete, por exemplo, ele se mandava.

Não durou 2 meses essa loucura, mas posso dizer que deu certo. Ele largou da teúda e manteúda e ficou só com minha amiga. Ele me agradece até hoje por isso, continua casado com minha amiga e eles vivem bem. Ela nunca soube."

O compartilhar é muito mais precioso do que achamos que sabemos. Consideramos que sim, mas a consideração sem ação, sem atividade não é suficiente para extrair a preciosidade que existe nessas palavras tão singelas.

Quando conversarmos com uma amiga, estamos fazendo muito mais do que simplesmente falar. Compartilhamos um trecho de nossa vida, nossa história, então fazemos da nossa ouvinte uma cúmplice, que pode nos oferecer o ombro, pode chorar junto, pode rir de você e pode (ou melhor, deve, ela tem esse direito) criticá-la.

Quando compartilhamos, colocamos essa amiga em nossa história e, do jeito dela, ela fará uma transferência ou um apontamento, uma interferência. Dessa maneira, aprendemos com ela; não necessariamente devemos fazer o que ela diz, mas conseguimos olhar para dentro de nós para refletir sobre o que estamos fazendo ou sentindo, e isso é ouro em pó!

Silenciar-se também faz algo por nós. Para algumas situações, nem o espelho nos dá coragem. E aprendemos com nosso silêncio a ouvir nossa alma e nossa consciência, a reparar o erro, a assumir situações mais delicadas, enfim, esse momento de introspecção pode ser precioso.

Mas quando compartilhamos, construímos um caminho, porque ao fazermos um cúmplice, no dia seguinte, sabemos que não estamos sós, então fica mais difícil repetir o erro, porque temos alguém além de nós para justificar. Essa situação gera um esforço emocional e racional, exige algo além do que já fazemos normalmente. Ficamos mais ricos emocionalmente.

Jesus nos ensinou a orar. Que sensacional! Ensinou que devemos conversar com Deus sempre, sobre todas as coisas. Ensinou que o relacionamento é muito positivo, seja com Deus ou com as pessoas. Quando temos alguém para compartilhar nossas conquistas, por mais simples que elas sejam, o prazer e a satisfação tornam-se mais intensos e prolongados. Se tivermos um grupo de pessoas, melhor ainda. Compartilhe e comemore tudo, sempre.

> "Em todo o tempo ama o amigo e na angústia nasce o irmão." Prov. 17.17

Dona Felicidade

A felicidade te perturba ou te acalenta? Ela é sempre uma dúvida? Quais as nossas certezas sobre ela em nossas vidas? Onde ela está? No trabalho, no amor, no dinheiro, nos filhos?

Precisamos construir a felicidade como se fosse um castelo de areia, daqueles que você fazia com muito capricho e ânimo à beira-mar, mas sabia que fazia para curtir, brincar e, principalmente, desafiar as ondas que, certamente, viriam para desmanchá-lo. Então, depois de ter seu *castelo* destruído, você tem a chance de construir outros e outros, porque a felicidade não é perene, nem estática.

Outro dia, minha amiga começou a cultivar uma planta chamada árvore da felicidade. Ela a colocou no melhor lugar da casa, mas a felicidade começou a entristecer-se. Rapidamente, ela mudou o local, porém a felicidade ficava cada vez mais moribunda. Por conta disso, ela foi ler sobre o que a planta mais precisava, deu a ela de tudo, mas a felicidade morreu. Nesse dia, ela compreendeu: minha felicidade não está aqui.

Por vezes, idealizamos um jeito de ser feliz, jeito este que não é o melhor (porque nos enganamos com uma frequência muito grande) e, assim, teimamos com a vida, com o amor, com o trabalho, travamos uma luta que nos esgota. Lembramo-nos, então, do velho dito popular: "quando Deus fecha uma porta, Ele abre uma janela", e é verdade. Ditos podem ser clichês, mas subsistem ao tempo porque falam das nossas verdades, geração a geração.

Compartilho da ideia de que, quando temos um problema e fazemos de tudo para resolvê-lo, usamos todos os nossos recursos e ainda assim o problema permanece insolúvel, então ele não é um problema, é uma situação da vida que não aprecio, mas preciso lidar com ela.

As sagradas escrituras também dizem: "A vontade de Deus é boa, perfeita e agradável" (Romanos 12:2). Por isso, alguns de nossos sonhos não dão certo. Como não vemos o todo, isto é, só enxergamos parcialmente, um sonho pode ser aparentemente bom, mas, se não for o ideal para nossa vida, ele não se realiza e perdemos (ou nos livramos) essa batalha e temos que aprender a digerir isso!

Frustração *versus* disciplina e perseverança gera maturidade. Mas o gostoso é ter a certeza de que os sonhos e desejos virão. Somos uma fonte inesgotável para fabricá-los! O ser humano é muito gostoso.

Temos nossos devaneios, que não são loucuras, são lacunas para a criatividade brotar; as ideias totalmente libertas surgem aí. Somos plásticos. Tudo o que é vivo se transforma. Precisamos apenas de combustível. Precisamos sentir prazer! Variações de prazer.

Prazer não se aprende nas carteiras escolares, ninguém pode ensiná-lo nessa arte. Prazer são coisas, pessoas, situações que te trazem alegria, bem-estar. Trabalhamos e corremos com compromissos como tarefas, obrigações, mas o que você faz só para você mesmo? Quanto tempo do seu dia ou da sua semana você reserva para seu prazer?

Quantas vezes, depois de um dia muito difícil, pego minha melhor xícara, a mais bonita, escolho o chá mais gostoso, ajeito o sofá e me sento para degustar o chá e aqueles minutos de compensação e conforto para um dia tão difícil, um final tão agradável? Você merece esse momento.

E este é o questionamento: o que te dá prazer? Quais suas realizações? Incluam nessa lista das mais singelas às mais complexas. É o dito: para quem só tem martelo, a vida é um prego.

A coragem vem do medo

Quando conheci o livro *O poeta e o cavaleiro* de Pedro Bandeira, imediatamente inspirei-me a compor uma palestra para mulheres sobre o medo.

Considerando três sentimentos inerentes ao homem (a raiva, o amor e o medo), logo me identifiquei com o medo. Isso porque, na infância, fui uma criança educada para obedecer. Não podia responder aos professores, nem levantar a voz, mesmo quando eu tinha razão. A voz do adulto era incontestável. O olhar dos pais bastava. Em decorrência disso, passei por várias injustiças, e até com outras crianças eu acabava me encolhendo em vez de enfrentá-las.

Depois de adulta, entendi isso melhor, então, toda vez que vejo o mais forte humilhando o mais fraco, adultos oprimindo crianças e outras situações de injustiça, fico furiosa para ajudar as pessoas oprimidas a enfrentarem seu opressor, mas nem sempre isso é bom. Aprendi um pouco a entender que esta é ainda a criança que mora em mim, então tento acalmá-la e *ressignificar*. Por isso, por meio desta leitura, quero compartilhar os malefícios do medo sobre nós.

No livro de Pedro Bandeira, existia um suposto dragão que mantinha as pessoas obedientes por meio do medo que elas nutriam pela imagem dele. Qual é o dragão que aprisiona sua mente, sua alma e seus sentimentos? Ele tem a forma de que ou de quem? É uma situação concreta, um problema subjetivo? Qual a forma do seu dragão hoje? Respire, acalme-se, ele é apenas um dragão que faz barulho e solta fumaça, ele não pode com você, enfrente-o. Decida ficar ou partir, mas não permita que ele te paralise.

Quando o medo se instalou na cidade Fim do mundo, surgiu um herói que, na verdade, era um oportunista. Os perversos vêm assim, conforme a necessidade. Seu problema também surgiu assim, de uma fragilidade que é sua. O herói veio para restabelecer a ordem de quem? Do que é bom pra ele. Que preço você quer pagar por tão inesperada bondade? Muitas vezes, o outro não quer o que você faz para que ele faça, deseja apenas impedi-la.

Algumas decisões são muito difíceis de serem tomadas e por isso precisamos contar com o discernimento. Discernir o bem do mal é menos óbvio do que se imagina. Certa vez, conheci um palestrante muito envolvido nas defesas de causas sociais, sobretudo a violência. Pensei que, no fervor de sua paixão, ele admirasse o *slogan* de nossa campanha da solidariedade, sobre "fazer o bem", mas, em uma breve conversa na despedida de seu trabalho conosco, ele disse que nem sempre fazer o bem é bom. Não se for feito ingenuamente ou de forma assistencialista.

Aproveito para falar sobre a mulher boazinha.

Mulher boazinha é chegada no *cor de rosa*: é sonsa, inocente demais, tem pulsão de vida *desfusionada*, ou seja, não mede esforços para ajudar e ainda mobiliza outras pessoas, convencendo-as de contribuir, faz muito pelo outro e acaba com muito peso nas costas, assumindo coisas que ela não precisaria. Boazinha, "um amor", é aquela que não quer ver sua própria agressividade, nem permite que os outros a vejam. Serve aos outros, mas espera lucrar, precisa ser reconhecida e quando faz o bem, ela anota em sua cadernetinha secreta. Faz esperando ser querida, reconhecida e recompensada, mas não diz o que deseja e muito menos cobra o que quer.

A boazinha pode tornar-se vulnerável, confiando demais em qualquer um. Tem a autoestima baixa, faltam-lhe nutrientes psicológicos, autoconhecimento. Falta trabalhar seu *empoderamento*, de modo que seja capaz de reconhecer seus recursos internos e usar sua força, treinando sua musculatura afetiva. Como fica com o saldo baixo, ou seja, sua autoestima rebaixada, confia em todos, desde que lhe digam o que quer ouvir. É um prato cheio para os vendedores, pois os elogios a seduzem e, por vezes, cegam-na. No auge da falta de discernimento, torna-se infantil. Ela está imersa em sua imaturidade, vê as dificuldades como problemas extraordinários, e não como "coisas da vida". Tudo para ela é *maximizado*, é *muito*, porque sua estrutura psíquica está frágil. Ela faz o jogo de coitada, de vítima, perseguida sem causa, um drama de primeira linha. Se não conseguir, apela para o choro. Se ficarmos cegas ou burras, podemos até não morrer, mas ficaremos destruídas; por isso, é preciso ter cuidado.

Na vida, experimentamos o doce e o salgado, somos complexos, podemos agir de forma simples, mas atentos ao contexto, às pessoas. Não precisamos correr atrás de fazer o bem. Minha lição aprendida foi: fazer a vontade do Pai. É preciso parar, pensar e depois decidir. Ter o seu tempo, de segundos, minutos, dias, o que for, mas o discernimento precisa aparecer. Temos de nos preservar. A vida é um trânsito, e os sinais são os convencionais. Na dúvida, pare, pense e só decida depois. Seguir seu coração com base nas suas próprias reflexões é, sem dúvida, o mais acertado.

A simplicidade pode manter toda uma cidadezinha feliz, até seus moradores descobrirem que podem muito mais, mas a ignorância é má e pode nos aprisionar, o medo é enganoso e pode até nos matar. A confusão nos paralisa e precisamos ganhar mobilidade de volta. Como? Respire fundo e recomece.

Castelos de areia

Precisamos reaprender isso com as crianças. Observe-as na praia ao construírem seus castelinhos de areia: fazem-no com toda vontade e concentração e, quando a onda vem, tudo se desfaz. Então, a criança, o construtor, o arquiteto e o engenheiro põem-se a sorrir ou a correr com seu baldinho e com sua pá para reconstruir o que restou. Que brincadeira deliciosa.

É uma estratégia: você coloca barreiras para proteger o castelo, mas já sabe que a onda vem. Mais cedo ou mais tarde, ela virá e todo o trabalho se vai, e você irá refazê-lo porque esta é a graça, é a estratégia da vida: fazer, refazer, reconstruir, reinventar. Somos castelos de areia, não somos definitivos, precisamos de reformas, de demolições, de água, de invasões; só assim teremos mais uma vez a chance de evoluir, cada dia um pouco mais. E esta é a brincadeira da vida. Somos pessoas em construção.

Doida demais

A doida é uma figura, mas não posso deixar de registrá-la, afinal, em todos os lugares, você encontrará uma dessas.

Contraditória, a "louca". Achei esse termo péssimo, mas infelizmente é assim que vejo as pessoas chamando-a:

– Fulana é louca.

Descrição reducionista, mas o comportamento dessa pessoa dá uma grande margem para esse rótulo se fixar. Ela se ama, se acha, se enfeita, se envaidece, mas se odeia paradoxalmente. Sim, porque é mestre em *autossabotagem*, ganha coisas na mesma medida em que perde.

Ela galga promoções, conquistas, situações, debates, mas sua vida íntima é um lixo. Sentimentos picados, afetos envelhecidos, amores rotos, filhos imundos, maridos, só os mais imprestáveis.

É inútil viajar para outros lugares se não conseguirmos desembarcar de nós mesmos. Olhar para aspectos de nossa conduta à procura de recuperação, de conserto e dedicação para as nossas feridas emocionais é uma boa providência em situações como esta. Como amiga, a "louca" é uma delícia! Despojada, divertida, dona de suas ideias, sexualidade à flor da pele, um humor contagiante. Por vezes, ela só precisa de ajuda.

O choro

Lágrimas lavam os olhos e a alma. São passos que nos levam para outro lugar. Como um caminho de paralelepípedo tortuoso, sofrido, mas é uma conquista quando aprendemos com nossas lágrimas a ouvir nossas emoções e traçar novos planos de conduta. O corpo adoece se a alma não chora. Chorar faz bem.

Antigamente, dizia-se "quer chorar? vá para o chuveiro que é lugar quente". Pode parecer duro, mas é um convite para refletir que o choro é íntimo. O choro é uma explosão de emoções; essa situação humana precisa ser vivida, mas como todas as outras, é preciso dedicar-lhe cuidado e contexto.

Chorar em local privativo, afinal, é o seu momento com suas emoções, a não ser que sejam outras circunstâncias. Estou falando do choro por problemas. O bom seria que pudéssemos tratá-lo com certas reservas para nossa preservação. Chorar no trabalho porque seu projeto não foi aprovado, porque brigou com colegas, ou porque aquela tão desejada promoção não lhe foi dada não irá ajudar. Você não precisa chorar para obter a atenção das pessoas, afinal, suas qualidades são muito mais abundantes e mais ricas do que apelar para essa sedução afetiva, não acha?

Quando a outra sou eu

Autossabotagem, baixa autoestima, culpa, falta de resolução de sua história passada com a vida presente. Que homem eu quero ter? Por que sempre gosto do cara errado? Espera estar enganada, e, com isso, verdadeiramente se engana alimentando-se de migalhas afetivas. Que homem eu mereço ter? O Barba Azul? Falaremos sobre ele depois. Sim, porque ele dá conforto, mas quer matá-la. Tira você do *status* "disponível", mas só fica com você quando sobra tempo.

Você ama aquele cafajeste, um homem que se comporta como canalha (que é sinônimo de velhaco, não à toa, porque se habituou com a desonestidade ou infidelidade). Ele faz promessas que não cumpre, mas a cada vez que promete, você sente um desejo irresistível de acreditar novamente. Ele não investe em você, nem precisa muito para convencê-la a perdoá-lo, porque, seja o que for, você já se coloca num lugar disponível a fazê-lo, e pior: ele percebe isso, tanto que se esforça quase nada. Na hora da raiva, você até o enxerga melhor, percebe o quanto ele é *tranqueira*, mas, ainda assim, não consegue despachá-lo.

Baixa autoestima pode ser uma das razões que levam uma mulher a se submeter ao papel da "outra", aceitando migalhas de tempo, de passeio, de companhia, enfim, de um homem. Muitas vezes sofre calada, raramente confidencia a uma amiga (porque seu caso amoroso precisa ficar em sigilo por causa dele, não por você, claro) e, como se não bastasse, reúne forças para suportar as limitações desse romance proibido, que não pode ir a um lugar público como as pessoas normalmente fazem.

A tristeza de histórias de quem vive essa situação secretamente é esperar um dia vir a ser a única na vida do amado. Apesar de vivermos numa época tão moderna de relacionamentos, ainda encontramos muitas mulheres nessa situação de pobreza, que ainda acreditam que a história poderá ter um final feliz. Há um desejo romântico muito *cor de rosa* atrás desse envolvimento, a esperança de que o *sapo vire príncipe*. Mesmo a relação estampando o sexo como página principal, a crença pelo desejo de ser verdade, que o caso vire amor, teima em permanecer. E então, mais uma vez, ela se submete.

A experiência mostra que dificilmente um homem que mantém um caso fora do casamento irá se separar para ficar com a amante. Ele pode até deixar a esposa por conta do adultério e da fragilidade ou crise da relação matrimonial, mas nem sempre fica com aquela que desencadeou o fim do casamento. Lamentavelmente, por fraqueza ou ingenuidade, a mulher que se apaixona por um homem casado não percebe que está entrando por um caminho perigoso.

A maioria das mulheres ainda associa o sexo à vida afetiva, ainda transam esperando um telefonema no dia seguinte, um convite de *repeteco* e depois, quem sabe, um relacionamento sério e, por conta desses fatores, acabam se envolvendo afetivamente.

A maioria dos homens é capaz de ter uma noite de sexo sem envolvimento emocional. Eles dissociam esses dois ingredientes tão unidos na história da mulher. Claro que temos algumas exceções; existem mulheres que fazem isso, mas elas são em número menor. Mesmo nos dias de hoje, no silêncio do coração, muitas ainda esperam algo mais. Você precisa ser franca e muito honesta consigo mesma antes de entrar numa relação como esta.

Praticar uma vida sexualmente promíscua, estando disponível a qualquer encontro, revela ainda seu temor pela rejeição, uma busca interna por ser aceita, sem medidas, sem cautela e controle afetivo, o que coloca você em uma posição de *sobra*, assim como o fato de se submeter à condição de amante. É um *ciclo vicioso*. Você precisa entender que não é indigna de um amor respeitoso e exclusivo, que seu valor é intrínseco, que quem quer investir em você ficará em sua vida, quem partir simplesmente não lhe pertencia. Não gaste seu tempo com estes.

Comece a se direcionar para curar sua autoestima, e seus problemas com esse impulsivo desejo de agradar perderão o poder de dominá-la. Você é mais forte do que pensa, você consegue! Ame, acredite, reconheça e cobre o seu valor.

Muitas pessoas procuram nos parceiros um preenchimento para o vazio que mantêm em si. Acreditam mesmo que sua felicidade está naquela pessoa. Procuram ou projetam no outro (e até no casamento do outro) a satisfação que querem para si, mas não vão encontrar, porque precisam entender e trabalhar essa busca. Autoconhecimento nos põe a salvo de muitos precipícios.

A pressão midiática que coloca no adultério a roupagem de algo que traz prazer e alegria é pra lá de enganosa. No cinema e na telinha, tudo parece muito quente, gostoso e fácil de lidar, mas a realidade é outra. O relacionamento fora do casamento não passa de uma fantasia e de interesses muito pontuais e trará consequências dolorosas para todos os envolvidos. Está nessa? Corre.

Ressignificar

Ressignificar é um exercício diário: ao invés da tristeza, você vê a alegria. Veja: eu disse vê, não disse imagina. Sim, porque acredito que a alegria existe e existiu em toda a nossa vida, mesmo nos dias de chuva. É interessante lembrar que, quando o dia está nublado, as pessoas costumam dizer:

– Que dia feio!

Ou, elegantemente:

– O dia não está bom.

Mas é preciso reconhecer a benção que é a chuva. Deus, com o seu grande regador, rega nossa terra carinhosamente. Se existem alagamentos, a culpa é nossa, que não soubemos construir cidades nem ser bons cidadãos.

A beleza está em toda parte e ela, sim, merece ser gravada na alma. Quando reconhecemos a beleza em nossas vidas, temos um reencontro conosco e esse fato gera grande satisfação; eis aí um pedacinho de felicidade.

São as batalhas que dão sentido à vida. A aposentadoria é quando o dragão vira donzela, quando a batalha dá lugar ao gozo, mas isso, gozar, não nos foi ensinado. Falei que ninguém vai te ensinar o prazer, você precisa descobrir. Se isso não acontecer, você corre o risco de mergulhar na tristeza da depressão quando suas atividades ficam menos intensas, quando os filhos crescem e não são mais tão dependentes, quando se casam. A vida vai se transformando e nós somos elásticos, dinâmicos, podemos ir mudando e nos adaptando com ela.

Naturalmente, não fazemos na vida só aquilo que gostamos, mas é imprescindível mesclar obrigações com situações que nos deem qualidade de vida. Então, além do nosso trabalho, da família, precisamos cultivar outras pessoas e coisas agradáveis, menos importantes, é verdade, mas que sejam práticos, singelos e exequíveis.

Ansiedade

Já pensou se inventassem um aparelho para aferir a ansiedade? Assim como os aparelhos que medem o diabete, poderíamos, antes ou após o café da manhã, usar nosso *ansiômetro*. Uau! Mas não necessariamente teríamos de colocar sob a língua um comprimidinho, porque nem sempre a ansiedade é maléfica. A ansiedade nos mantêm em alerta, com a energia no topo, prestes a transbordar, como o atleta na linha de largada, esperando o toque para desembestar.

Nós produzimos a partir dessa energia positiva e avassaladora que a ansiedade nos traz. Mas ela deixa de ser benéfica quando nos tiraniza, nos sufoca, nos enlouquece. Pior ainda quando ela traz consigo a dúvida:

– E se eu não conseguir?

Nesse caso, a ansiedade é um excesso, um transbordamento que chega a apertar o peito ou dar a sensação que o coração quer sair pela boca. Essa dúvida nos faz esquecer do primordial: quem sou eu? O que sou capaz de realizar?

Use agenda: escreva seus compromissos e os distribua por prioridades, exercite dividir os deveres, assim ficam mais fáceis de serem realizados e digeridos. Não se perca numa agenda na qual quem tem o controle é você. A ansiedade não é para ser patológica, mas quando em excesso ou mal administrada, pode se tornar um transtorno. É fundamental encontrarmos o que alimenta nossa ansiedade: pode ser medo em excesso, insegurança ou outros fatores que, para eliminar, você dependerá de ajuda especializada.

O que posso cumprir e o que eu não posso fazer? Correr para comprar doces de nada resolverá e ainda acumulará uns quilinhos extras. Ir ao *shopping* fazer compras só lhe trará outra preocupação, mais dívidas. Beber? Ainda pode te render uma dependência. Fazer exercícios, refletir, orar compartilhar são alternativas mais viáveis. Você certamente entenderá que pode *muuuuito*! E para aquilo com que você não pode lidar, delegue ou simplesmente peça ajuda.

Um tipo de ex

Evidentemente, homens e mulheres podem, apesar de magoados, sair de um casamento e entrar em um processo de divórcio de maneira civilizada, adulta e respeitosa, mas aqui vou falar de apenas uma fatia da população de mulheres que tive a oportunidade de ouvir, umas porque são as ex-parceiras e outras porque sofrem no momento de assumir um homem que já teve uma família.

Desvencilhar-se das obsessões de uma mulher deposta é questão de força, em primeiro lugar, e de opção. É preciso, junto com o marido, construir fronteiras que cerquem sua relação. A ex é dele, portanto, é um problema para ele resolver. É ele quem tem de se posicionar e também maduramente negociar o que falta ser resolvido. Entender o porquê do divórcio nos ajuda a diluir a questão, afinal, se houve separação, foi porque a relação fracassou.

No Brasil, cerca de 80% das separações são solicitadas pelas mulheres, mas quando o homem é quem pede, na maioria dos casos, parece que o diabo entra na casa da reza. Não importa o tamanho do esforço para se ter o mínimo de paz.

Frequentemente, sem perceber, alimentamos um desejo e até ações para punir o ex-companheiro e, não raro, os próprios filhos são usados como armas. É fundamental abrir mão dessa mágoa, virar a página de uma história que acabou, só assim estaremos livres e prontas para um novo relacionamento.

Enfrentamento também é importante e, em alguns casos, crucial, uma questão de sobrevivência. Você não precisa comprar uma briga que não é sua. Mantenha seu foco, mas sustente muros e não permita a intromissão da ex. Tente articular da forma mais civilizada possível, sem agradar e também sem ofender. O contato mínimo e civilizado pode ser proveitoso a vocês, principalmente quando há filhos dessa relação falida. Mas se você investir toda sua civilidade e boa educação e receber pedras, não tenha dúvida, feche a porta e siga sua vida com ele! Lute, o espaço agora é seu!

Insatisfação e escolha

"Eu, Lourdes.

Quando jovem, minha maior ambição era ser advogada. Ah, uma profissão bonita, respeitável, gente te chamando até de doutora, confere *status*, tudo de bom. Estudei muito, sempre fui aplicada.

Foi mamão com açúcar passar no vestibular. Depois, ralei muito para tirar notas altas na universidade, pois a exigência foi alta, mas eu o fazia com prazer. Namoro, nem ligava muito, sabia que meus pretendentes viriam sempre, uma vez que, depois de formada, eu me tornaria um partido ainda melhor. Esnobei alguns, desperdicei outros, e assim foi.

Concluí a faculdade, em seguida veio a batalha para passar no exame da Ordem. Difícil, estudei dias e noites, mas, em seguida, outra conquista.

Comecei a trabalhar em prefeitura e, gradualmente, como era de se esperar, fui subindo de cargo. Os anos foram passando, todas as amigas casaram, com filhos bebês, depois filhos crianças e agora, para meu desespero, já estavam com filhos adolescentes. E eu? Fiquei pra titia? Só pensava em estudar e trabalhar, engordei, envelheci um pouco e, quando percebi, os homens de minha idade só queriam as meninas de 20 anos!

Continuei focada no trabalho, mergulhei de cabeça e aí conheci uma pessoa especial. Carinhoso, queria um relacionamento sério e sereno porque dizia que sua ex-mulher era uma executiva que precisava ausentar-se muito do lar, e este foi um dos motivos de seu divórcio. Apaixonamo-nos e resolvemos nos casar. Um homem mais caseiro, ter uma vida aproveitando o recém-casamento, era tudo o que eu queria agora.

Pois bem, casamos e fui promovida. Assumi um cargo muito alto que envolvia muita responsabilidade e, portanto, longas jornadas de trabalho. Tudo ao mesmo tempo: casei, fui promovida e engravidei. Eu, que fui uma mãe/avó, nem fiquei com meu filho; largava nas mãos de babá, a qual toda hora tinha de trocar, e meu marido profundamente insatisfeito. Mas era meu momento de ascensão profissional. Ele respirou, brigou, refletiu e foi embora. Após dois anos nessa loucura, meu casamento acabou."

Você é protagonista da sua história, autora e responsável pela solução dela, mas o romance ideal não existe. Felizmente, isso é um alívio, porque se sabemos que o nosso está capenga, o das outras mulheres também está. Não existe felicidade completa, ela é sempre fragmentada; você decide qual o tipo de felicidade coloca em sua vida prioritariamente.

Para uns, sucesso é ter dinheiro; para outros, é viver a maternidade; para outros, é a fama, e assim vai. Às vezes, priorizamos a vida profissional, mesmo desejando um grande amor, recheado de loucuras; outras vezes, nossa prioridade é a estabilidade emocional ou financeira. Às vezes, priorizamos sexo, aí a vida financeira descompensa e vai ladeira abaixo. Parece simples, mas essa complexidade das escolhas muitas vezes têm gerado confusão e cegueira em algumas mulheres.

Nós escolhemos. Você escolheu assim. Quer mudar? Antes pense, mas gaste muito tempo pensando. Antes de gastar dinheiro e utilizar seu cartão de crédito com roupas ou viagens, invista tempo em você para tomar uma decisão de extrema importância: ficar ou mudar.

Lembre-se da oração da serenidade, que não recebeu este nome à toa. "Mudar o que devo, ter coragem para fazê-lo e aceitar o que não pode ser mudado". ACEITE! Não estou falando de resignação, mas de sabedoria. Não bancar a "louca", a arrependida, a que tem dor de cotovelo ao ver o ex desfilando por aí. Pense, pense, pense.

Conheço os romances reais, que são caros, necessitam de forte investimento afetivo e isso dá muito trabalho. Um romance é um bálsamo para a vida. O romance precisa de um querer, do desejar, depois ele precisa da conversa, sem medo do andar do relógio. Requer manutenção frequente. É para quem sonha com isso e, de fato, decidiu viver acompanhado.

A gratidão em relação à vida é um sentimento cada vez menos praticado, porém nunca menos importante. A generosidade é imprescindível, ela é capaz de diferenciar mulheres. Ser generosa não é ser boba, é ser capaz de praticar o desprendimento pelo outro, o fazer por hospitalidade. É um diamante em suas mãos, muito mais valioso. É escolher ajudar, quem e como. Ajudar sem esperar nada em troca, fazer por amor à vida.

A mulher não tem de ser gostosa, tem de ser atraente, e isso não significa ter um corpo malhado. Trata-se de praticar atributos que a diferenciam das outras. O seu companheiro precisa gostar de estar com você por tudo aquilo que você é e representa em sua vida.

É fácil colocar um adesivo meigo, rosa e florido no porta-malas do carro, mas não é fácil deixar de falar um palavrão ou de fazer um gesto obsceno quando se sofre uma grosseria no trânsito. Por isso, não é possível sair por aí desejando um príncipe, doce e educado, quando nós não conseguimos nos portar como princesas ou damas diante da menor grosseria. A tolerância nos relacionamentos regada a ações de gentileza formam uma dupla implacável.

Cozinha

Não sabe cozinhar? Não é tão importante, mas não ter uma especialidade na cozinha é de chorar. Comer é muito revelador. Cozinhar é um ato de amor, de amizade, de carinho. Não é à toa que as melhores refeições são aquelas feitas por pessoas que declaram seu amor à cozinha. Cozinhar de mau humor faz mal.

O coração de uma cozinha é o fogão em que preparamos alimentos que irão saciar a fome das pessoas. Cuidamos da vida por meio da cozinha; uma dieta que prolonga a vida sai da cozinha. Ela é a fonte de manter as pessoas em vida, em conversa, unidas. É também uma arte. Cozinhar é como afagar pessoas pelo paladar. Cozinhar é uma intimidade, cozinhe com o marido, com os filhos, com os amigos. Experimente.

Poesia – mulher revista

Mulher é beleza, é leveza, é estética e aceitação.
Exigências, encasquetada, desleixo e confusão.
Mulheres são cosméticos, são promessas
De dietas que ainda virão
Cheiros e perfumes
Toques e costumes
Sensualidade à flor da pele, é extravagância
Sexo e relutância.
Mulheres são sapatos
Em todas as cores e atos
Uma parte é mãe...

Outra parte é pãe...
É desejo de ser mais magra.
Briga pra ser mais calada.
São óculos escuros
Pensamentos obscuros
É notícia e informação
Viajar sem ter razão

É falar de homens cheias de expressões
Pensando no amor com muitas indagações.
É joia, é paranoia.
Livros e revistas.
Polêmicas.
É controvérsia.
É gente famosa. Maquiagem e bolsas. São roupas...
Inovação nas profissões, conquista de mercado.
Mulher é sexo, desejo de afeto bem feito.
Filmes e romance. Lágrimas.
Remédio para dor de cabeça. São livros e suspiros.
Vinho com chocolate. Brigar com a celulite
Moda, bom restaurante e vinho gostoso, cabelo gostoso,
homem gostoso
Preocupar-se com a saúde.
É casa bonita, cheirosa, arrumada.
Viajar mesmo sem sair do lugar.

Paula Nasser

II Parte

Relações

Agradabilidade

Esta questão é importante pra mim porque já fez parte de minha história e, enquanto ouvia mulheres nessa condição (acreditem, o número é quase epidêmico), percebi o quanto posso contribuir. Entretanto, tenha consciência de uma coisa: este assunto pode mexer muito com você e, ao revisitar sua história para tentar solucioná-lo, muito provavelmente precise caminhar acompanhada por profissionais. Por isso, aceite meu estímulo e sugestão: doeu? Procure ajuda psicológica, afinal, você não precisa passar por isso sozinha.

Mulheres que temem a rejeição e possuem um incontrolável desejo em agradar passam por um sofrimento cotidiano, pois investem seu tempo e esgotam grande parte de sua energia realizando tarefas desnecessárias, uma vez que não conseguem dizer NÃO. A partir da escuta dos relatos de mais de mil mulheres, resolvi que este, sem dúvida, era um dos capítulos que deveriam fazer parte deste livro. Não saber dizer *não* é um sofrimento, que deve ser entendido e tratado como tal, com cuidados, e não com castigos ou preconceito. Muita calma nessa hora! O temor de sentir-se rejeitada não é babaquice nem fraqueza, é um mal, uma dor. Não podemos causar mais dor àquilo que já incomoda, mas precisamos de uma boa dose de aceitação para enxergar, enfrentar e cortar o mal pela raiz.

Aceitação não quer dizer que você concorda e deseja manter sua condição, mas que, ao assimilar todo o contexto, enxerga agora os fatos como realmente são.

A raiz é a maior questão. É preciso gastar tempo consigo para refletir por onde começa essa história triste de querer agradar a qualquer custo. Custo alto ter de passar por cima de si própria para satisfazer o outro, e este outro, ao perceber isso, aproveita-se de sua bondade. Contudo, lembre-se: a própria aceitação e o seu bem-estar é o que fazem de você uma pessoa mais feliz e, portanto mais agradável, mais gostosa de conviver. A própria aprovação é a mais saborosa.

A armadilha de ser agradável está em tentar se sentir feliz em ver o outro feliz por sua causa. Acontece que isso nem sempre ocorre e logo percebe que o que sabe de fato fazer bem é sentir-se mal. Paradoxo, mas real.

A pergunta é: dá para você começar a ser feliz? Pode ser agradável com você mesma? Você merece um carinho seu agora. A partir de hoje, este capítulo deve ser escrito com mais amor.

Agradadoras compulsivas frequentemente sentem-se inseguras, infelizes e inadequadas, com uma sensação de incompletude, tendo de fazer sempre mais, o que é altamente desgastante. Acaba desenvolvendo uma rigidez muito forte em si mesma, e seus padrões de avaliação para si e com os outros se tornam críticos e condenatórios. Sempre falta algo. É certo que o preço que pagamos nessa tentativa repetitiva e frequentemente frustrada é alto demais. Dores afetivas, corporais e até problemas financeiros começam a surgir comprometendo nossa qualidade de vida e nossa busca por felicidade.

Acredito que todas as nossas qualidades, quando se apresentam em excesso, tendem a virar um defeito. É evidente que só quando em excesso é que isso acontece. Ser bondosa, ser gentil é sem dúvida uma qualidade, que deve ser valorizada e reconhecida, mas quando essas qualidades apresentam-se em excesso, mascarando um desejo oportuno (agradar a todo custo), escondem, camuflam uma forma de pensar opressora e *aprisionante*.

A ideia fixa e persecutória de que é preciso agradar a todos e a qualquer custo para que gostem de você deve ser banida ou diminuída de sua vida. Lembre-se: você tem valor pela pessoa que você já é. Não venha medir o seu valor por favores que presta aos outros; essa régua é sempre *desfocada* e injusta.

O amor-próprio é que nos fortalece. A aceitação de nosso jeito, nossa origem, nossos valores é que nos adornam. Ajudar o outro não garante a você um reconhecimento no futuro, logo, a chance de uma decepção em curto prazo é fatídica. Ajudar ao outro esperando receber em troca é perigoso. Ajudar ao outro esperando receber amor é frustrante. Agradar esperando ser aprovado é pernicioso.

O perfeccionismo persegue quem deseja agradar compulsivamente. Talvez você não tenha se encontrado no título de *agradadora*, porém pode facilmente encontrar-se na perfeccionista, e essas duas perfazem dois lados da mesma moeda.

Nesse momento, pense racionalmente, sozinha, sem pressa, se você apresenta essas características. Após pensar e refletir, é importante listar isso: ao elencar suas questões, veja quais delas consegue interromper, lembrando que não deve ser radical consigo; é hora de cuidar-se com amor. Olhe e veja, pare e escute, avalie o que dá para fazer a partir de hoje, uma coisa de cada vez.

Se diagnosticou que sente medo de ser rejeitada, em que momento de sua vida isso começou? Com quem? Em qual idade? O que fez na época? Quais são seus medos hoje? Do abandono, da solidão, da rejeição, fraqueza? Você tem direitos. Direitos legais, profissionais, amigáveis, civis, enfim, a vida não é feita só de deveres. Desvie o foco da severidade em fazer para poder perceber o quanto tem a receber.

Você tem direito de pedir. Tem direito de amar quem quiser. Tem direito de sentir raiva e de dizer não. Não precisa esquivar-se da luta. Enfrente e responda.

Nossa musculatura só se fortalece com a prática repetitiva de exercícios. Nossas emoções também funcionam assim. Quanto mais exercitamos emoções diferentes, mais aprendemos com a vida. Não evite o *não*. Diga-o, pois só assim o outro entenderá o que pode e o que não pode fazer com você. O outro pode ser um filho abusivo. Pode ser um relacionamento com uma amiga. Pode ser um marido tirano. Pode ser um chefe.

Lide com a raiva e, se preciso for, diga com todas as letras: "não faça isso porque assim você me deixa com raiva". "Estou com raiva, por isso acho que este não é o melhor momento para conversarmos", e assim por diante. Respeite a si para que o outro aprenda a fazê-lo, certamente assim ficará bem mais satisfeita.

Quanto mais agradável tenta ser ou esforça-se para parecer, menos autenticidade haverá em suas ações, portanto, maior será seu desconforto, daí facilmente vêm a culpa e o descontentamento. A raiva de si própria, a força e a energia desperdiçada para empurrar esses sentimentos revirados para baixo do tapete das emoções geram maior desconforto ainda. No entanto, saiba: quando alguém pisar nesse tapete, a poeira vai começar a subir. Você não resolveu, só escondeu. E quanto mais o tempo passa, mais poeira acumula, ou seja, para essa situação evoluir, você precisa começar a agir, não pode esperar mais.

Todos nós experimentamos sentimentos negativos, portanto é mais saudável e legítimo dar vazão a eles. Claro que desejamos fazer isso da maneira mais responsável possível. Sentimentos como raiva, decepção, tristeza, amargura são todos pertinentes, a diferença está na forma como daremos vazão a eles. De qualquer modo, eles precisam sair, não podem ficar aí embaixo do tapete.

Muita pressão interna é danosa à própria integridade física e emocional. Doenças são produzidas assim. Gosto do exemplo que levo às palestras sobre a panela de pressão. Ô panela útil em nossa vida! Foi feita para suportar alta pressão, mas tem sua válvula de escape e de segurança: quando a pressão aumenta, ela joga o excesso para fora de forma responsável, prudente, segura a si e a todos em sua volta. Pela válvula, ela emite seu chiado. Mas se válvula entupir, ela pode explodir, colocando em risco sua vida e das pessoas ao redor. Entendeu?

Quando elegemos alguém para dizer que são nossos amigos íntimos? Exatamente quando sabemos seus segredos, suas *capenguices*, seus tropeços, falhas, angústias, sonhos e tristezas. Se já aprendemos a ser bons ouvintes, por que não compartilhar também as nossas deficiências? É uma troca saudável e que fortalece as amizades sinceras. A cumplicidade cresce, a intimidade se expande e a autenticidade só ganha com isso.

Não devemos nos recriminar quando pensamos em agradar, uma vez que esse fato acontece porque, em algum momento (muito provavelmente na infância), ele foi útil. Funcionou como um mecanismo de defesa para nos proteger de uma situação de dor, ameaça ou de sua própria fantasia. Quando crianças, somos muito ávidos para observar, mas naturalmente imaturos e incompletos para interpretar, fazendo algumas situações se perpetuarem em nossas lembranças de forma bem equivocada, o que gera muita angústia. Ocorre que nosso vestidinho de infância não nos serve mais, portanto, esse tipo de pensamento, afeto e comportamento tornou-se inadequado. Precisamos nos desfazer da roupa que não nos cabe.

Talvez esteja sendo escravizada por si mesma, por sua *autoexigência*, sabotagem, destruição, condenação, críticas, pressão, enfim, o seu próprio olhar às vezes é mais opressor do que o olhar do outro. Por isso, digo que precisa se olhar com carinho, com cuidados, não *vitimizada*, isso nem pensar! Somos autoras de nossa própria história! Não me canso de repetir isso, porque é verdadeiro, é gostoso, bonito e libertador.

Herdamos, sabe-se de onde, a visão de que a palavra "sim" é boa, enquanto "não" é ruim. Isso é uma visão reducionista e errônea. Ser generosa é bom; não saber quando parar é autodestrutivo. Redefinir conceitos internos é fundamental para uma organização mental e afetiva mais madura. Como disse, é a *excessividade* que nos torna problemáticas, portanto, ao descobrirmos e praticarmos um modo mais cauteloso, seletivo e moderado de ajudar o outro, estaremos no caminho para a paz (interior inclusive).

Quando crê no erro de que as pessoas só irão aceitá-la ou gostar de você caso se esforce para agradá-las, a responsabilidade desse contato ou relacionamento fica integralmente sobre os seus ombros, portanto, independentemente do nível de fracasso que ele venha a ter, só terá a si para culpar. Isso é deturpação; a relação envolve troca, nenhum relacionamento ou contato unilateral prospera, não é salutar.

Cuidado com vozes fantasmagóricas: como disse, essa raiz está na infância, é como uma voz ecoando, que vem lá do seu passado, mais ou menos distante, mas tem lá sua perversidade, como se fosse uma consciência julgadora. Pode ser aquela lembrança da voz de seu pai, de sua mãe, de professores severos, de irmãos, parentes ou outras figuras de autoridade que tenha experimentado a relação de hierarquia que foi infeliz, tosca ou enganosa.

Pode parecer estranho, mas, em algumas famílias, ou até mesmo em algumas religiões, o próprio Deus, que é nosso pai celeste, nos foi apresentado de forma dura, como um carrasco pronto para nos punir, quando, na verdade, a Bíblia diz em várias histórias que "Deus é amor". Já vi pessoas saírem da igreja por medo ou raiva desse Deus cruel. Esse padrão enraizou-se e agora você reproduz sem perceber. Então se avalie, perceba, é a chance de olhar e *ressignificar* essa história. Enfrente, mude.

Muitas vezes, essas lembranças vêm recheadas de emoções e, não raro, sentimentos negativos como vergonha e culpa. Se não as passarmos a limpo, carregamos uma sensação de profunda decepção conosco, limitação, empobrecimento e insegurança. Incessantemente buscamos a aprovação do outro, mas, frequentemente, negamos a nossa própria aprovação, do nosso eu; isso é cruel, mas é autoimposto. A boa notícia é que, se é autoimposto, então pode ser autocurável. Que alívio! Não dá para desejar ser desagradável, mas pode-se desejar não ser agradável o tempo todo.

Lembro-me daquele triste acidente do voo da Air France que caiu no mar, em meio a uma tempestade inesperada, que ficou sem sobreviventes. Eram passageiros de uma classe econômica razoável. Simultaneamente, aconteciam alagamentos em alguns pontos do país, como no Rio de Janeiro e alguns lugares do Nordeste, pessoas tão pobres perdendo suas casas, e então parei para observar: coisas ruins acontecem a qualquer um. Desgraças não acontecem apenas para os pobres. A morte e as doenças acometem a todos, tempestades e problemas também. Agradando ou não, você não será poupada de rejeição, abandono, desprezo, inveja, enfim, isso não está em seu controle, tem a ver com a situação e com a pessoa com quem está se relacionando. Cada um carrega sua história. Só a nossa história é que está sob nosso controle e isso já nos ocupa o bastante.

Quando decidimos deixar de sermos boazinhas, parar com o esforço abusivo de *agradabilidade*, aceleramos o passo para a cura de nossas feridas e para a experiência de uma vida mais feliz, leve, prazerosa. Ser boa, conota ser aceitável, ser perfeita, estar dentro da expectativa de alguém e isso é péssimo. Se mudamos até nossa própria expectativa ao longo da vida, quem dirá o gabarito do outro? Abandone a procura por estar dentro dos padrões de alguém. Você seria capaz de pensar em poupar palavras e atitudes que expressem exageradas estima e consideração? Pode ser um passo útil em seu processo. É que a bondade em excesso pode estar a seu serviço, para proteger seus relacionamentos, só que não protege a você mesma.

Não recompense o mal com atitudes tão doces. Cuidado com o Barba Azul; vou falar dele depois, é uma espécie de predador.

Por que tratar tão generosamente alguém que só te traz sofrimento afetivo? Um predador, um carrasco em sua vida vai interpretar isso a favor dele mesmo. Ser agradável a alguém que só te põe a sofrer é mostrar que se encontra desarmada, inofensiva e sozinha, e isso te deixa ainda mais vulnerável a esses ataques, e o agressor sente-se naturalmente fortalecido em te manter como presa, como refém. Assim, o ciclo de abusos não tem fim, fica confortável para ele e paralisante para você, corroendo e enfraquecendo cotidianamente sua autoestima. Não é isso que determina um agressor, um predador, mas certamente esse ciclo o mantém.

Pensamentos infantis nos rondam mais do que imaginamos. Eles existem dentro de nós e é importante que os detectemos. O desejo de agradar em demasia é um deles.

O desejo de se poupar da raiva e ser uma boa menina é outro. Nem sempre o "sim" é bom e o "não" é ruim. A vida não é matemática, nem justa, porque, se assim o fosse, só os malvados ficariam doentes, só os estupradores morreriam e os bons viveriam felizes para sempre. Coisas acontecem na vida para todos, independentemente de agradarmos ou não.

A chantagem

Existiam três irmãs que se gostavam muito. Contudo, como todas, brigavam de vez em quando na divisão das tarefas domésticas, porque tinham de ajudar a mãe a manter a casa em ordem.

Um dia, as duas mais novas resolveram aprender a fumar porque viam na televisão as mulheres famosas, seguras e sedutoras, envoltas naquela névoa de charme que exalava do cigarro. Cada uma fez para si com muito esmero uma *cigarrete* de papel sulfite, comprida e fininha, para brincarem no fundo do quintal às escondidas. Começaram no charme, depois na tosse, no engasgamento que fazia até os olhos lacrimejarem. Com todo aquele barulho, a irmã mais velha, percebendo a ausência das duas, foi de perto, pé ante pé, ver o que estava acontecendo. Ela as surpreendeu fumando aquele cachimbo, não da paz, mas da confusão. Recriminou as duas, xingou e assustou, ameaçando que iria contar tudo para a mãe, exceto se elas se comportassem e, durante uma semana, lavassem a louça do jantar, que era a parte dela (além da parte que já lhes era de ofício).

As duas não gostaram nadinha, mas como o medo do castigo da mãe era maior, resolveram ceder à chantagem. Assim, fizeram o combinado durante a semana toda.

Mas num lindo sábado de sol, sem mais nem menos, a irmã mais velha levantou-se e contou tudo para a mãe com requintes de envenenar o melhor humor contra as filhas desobedientes, vendendo a ideia de que haviam cometido algo abominável. A mãe, enfurecida, chamou as duas, bateu nelas de cinta até cansar, deu um sermão de meia hora e as deixou de castigo. Nesse dia, as duas irmãs aprenderam com a mais velha uma grande lição: ceder à chantagem é sempre prejuízo.

Nada pode ter o poder de nos prender, a menos que nós mesmos permitamos isso. Uma chantagem é sempre desonesta, começa pequena e vai avolumando-se; pode ser de um inimigo, de uma empregada opressora, de um chefe tirano de formas diversas, mas a essência é a mesma. É melhor resolver no começo, pode doer, contudo, os prejuízos serão ainda menores que os que poderiam ocorrer no futuro.

Intuição é a voz da alma. É salutar ouvir com discernimento o que, no íntimo, muitas vezes já sabemos. A novidade requer uma movimentação profunda dentro de nós mesmos. É hora de indagar o próprio conforto, sacudir nosso sossego, mudando ao menos os móveis de lugar. Outras vezes, será preciso mudar até mesmo de casa, metaforicamente falando.

Perigo: *não conseguir insistir no próprio desenvolvimento é um sinal de alerta para pensar. Preocupar-se em demasia com a* *opinião alheia pode ser nocivo. Afastar-se de Deus. Negligenciar sua vida espiritual. Envolver-se exageradamente na domesticidade, intelectualismo, trabalho ou inércia. Manter o desconforto por temer a mudança. Manter medos inquestionados.*

Precisamos enfrentar nossos medos diariamente, ir ganhando território sobre eles. Não se deixe entorpecer. Temos uma lembrança muito viva daquilo que nos assusta. Trabalhe sua história. A arte pode ajudá-la nesse processo, ela fala por si e por você. Use a voz da alma. Sua transformação não precisa ser 180°. Embora dê muito trabalho, mude um pouco que seja, mas mude! Mude!

O predador primeiro seduz, conquista, é cordial, leva para passear, traz guloseimas. Ele não aparece como é de fato (grosseiro, ruim), de modo que é bom pensarmos em estar menos vulnerável à ingenuidade, que é prima da insensatez. Desperte e amadureça.

Temos que fazer o bem ou o que é correto? Lembro-me daquele conto em que o homem intercedia a Deus:

– Senhor, por favor, por favor, por favor, faça-me ficar rico, ganhar na loteria.

E um dia o Senhor lhe respondeu:

– Filho, por favor, por favor, por favor, jogue.

Há momento para tudo, até para engordar e se permitir isso. É sabido que a não escolha já é uma escolha. Se você tem um atitude passiva ou ativa diante de uma situação, essa é a sua resposta diante dela. Só não podemos nos encolher, omitir-nos e depois agir como se fôssemos vítimas da crueldade de alguém. Somos autoras da nossa história, donas, escritoras, detentoras de poder para agir. Ajude-se!

Lembra-se da história dos cantores Dalva e Erivelto? Está aí uma mulher que morreu por amar demais. Ela não morreu em decorrência da bebida ou do cigarro, não apenas de uma doença ou no leito do hospital, ali ela já estava morta, ela morreu muito antes disso. Na série, Dalva foi uma mulher de entrega absoluta. Mulher que só ama ao marido torna-se desinteressante.

Mulheres que amam demais, em primeiro lugar, se amam de menos e precisam de ajuda. Assim como uma criança que está em local perigoso não o reconhece como tal, é preciso que haja uma família para dizer coisas e adverti-la, quando não raro, ensinar-lhe o caminho correto, tomando-a pelas mãos, inclusive. Mulheres que amam demais precisam de uma mãozinha. Você tem uma? É preciso ter rede social: amigos.

Saúde e Coração

Sobre tudo o que se deve guardar, guarda o teu coração, porque dele procedem as fontes da vida. Prov. 4.3

Interessante como as doenças psicossomáticas instalam-se nas áreas correspondentes ao sofrimento. Então, o que dizer sobre o fato de que as mulheres são mais vulneráveis a infartos? Sofre de coração, de emoção, de afeto, de saudade, de solidão. Sofre pela família, pelos filhos.

O coração da mulher bate 10% mais rápido do que o do homem. Se temos um jeito de funcionar diferente, por que queremos ser como eles? O provérbio bíblico coloca em suas mãos a responsabilidade de guardar o seu coração. Guardamos aquilo que tem grande valor e que pode ser roubado. Essa reflexão precisa ser feita costumeiramente.

Mas, guardar de quê? Da minha raiva, que é muito grande? Da minha falta de perdão? Dos meus ataques de fúria? Do meu desejo de vingança? Do ódio? De envolvimentos que me farão sofrer? De homens cafajestes? De amigos oportunistas?

É preciso observar as pessoas antes de colocá-las em nossas vidas. É preciso chegar aos nossos sentimentos antes de deixá-los habitar em nossos corações. Há inquilinos que precisam ser despejados. Dá trabalho, mas se delicie com a recompensa. A alegria está em você. Cultive o bom humor, a disposição para a mudança, o processo de fazer novas amizades, a fase de conquistar as pessoas, enfim, todas as fontes da vida, ou seja, aquilo que você precisa para ser feliz.

> Os sintomas são mensageiros de um significado e só desaparecem quando sua mensagem for compreendida. (Nietzsche)

Nossa mente está ligada ao nosso corpo; parece óbvio, mas, quando invertemos a frase, fica assim: o nosso corpo está ligado à nossa mente segundo a segundo, mais precisamente às nossas emoções. Quando vivenciamos algo insuportável para nossas emoções, como que para se proteger, o corpo produz um sintoma. Isso não é inventado pela pessoa, é uma produção que pode ser consciente ou (na maioria das vezes) inconsciente. As pessoas tendem a aceitar mais as doenças físicas, porque a medicina é bem mais antiga que a psicologia enquanto ciência. Veja no seu trabalho: se alguém falta porque foi ao médico, todos entendem, mas quando alguém diz que precisa ir à consulta do psicólogo, ou faltou porque estava péssimo, aí vira motivo de chacota.

Doença psicossomática não é chilique, é um sinal do corpo para nos alertar que algo não vai bem. Isso porque negligenciamos rotineiramente muitas das nossas emoções. É um tal de "deixa pra lá" que esse "lixo" vai se acumulando e, uma hora, explode em forma de sintoma, o qual, em geral, é respectivo à sua dor emocional, comumente em uma área do corpo correspondente ao sofrimento experimentado. A doença vem para te dizer algo, para que possa se respeitar, refletir e analisar que algo vai mal e precisa ser melhorado. Escute-se, respeite-se.

A mulher deixa seu bebê para ir trabalhar. Sacrifica horários nobres da sua vida para crescer na carreira, depois não tem tempo para ir à academia, à aula de música, de artesanato, de pintura. Quando se dá conta, o ânimo se foi, o tempo passou, o corpo mudou, ela se foi e fica assim como uma choupana abandonada. Os ciclos naturais estão sendo transformados em artificiais para agradar os outros. E claro, a mulher moderna passou a ser um borrão de atividades.

Não exagere: alô! Tristeza não é depressão. Na primeira impressão do DSM (Manual Diagnóstico e Estatístico de Transtornos Mentais), em 1952, havia 106 doenças psiquiátricas; já na versão do ano 2000, esse número passou para 297, embora haja discussões sobre a possibilidade de a expansão dos transtornos no DSM ter sido influenciada por motivos de lucro (indústria farmacêutica) e representa um aumento da medicalização dos seres humanos. Assim fica difícil ser normal.

Por outro lado, descobrimos a abundância das imperfeições humanas. Entristecer-se pela morte de alguém, por uma situação de doença, de desemprego e outras aflições pertinentes à arte do viver é natural e faz parte da vida. Não basta ficar triste e sair dizendo por aí que está com depressão. Alto lá, depressão é uma doença, que tem níveis de gravidade e precisa ser medicada e tratada por profissionais (psicólogo e psiquiatra); se você suspeitar que a tenha, procure o médico! Com as tristezas, é diferente. Da tristeza quem cuida é você. Na dúvida, peça ajuda.

A humanidade teve grandes gênios com depressão, no entanto, foram tão produtivos! Em Beethoven, a causa da depressão que atormentava o compositor alemão, um dos maiores gênios musicais da história, eram os problemas de surdez e os três amores impossíveis que cultivou na vida. Em Santos-Dumont, estudiosos apontam a esclerose múltipla (doença que atingiu o pai da aviação por volta dos 30 anos) e o desgosto por ver sua máquina de sonhos transformada em instrumento de guerra como os responsáveis pela profunda depressão que o levou a se suicidar. Por fim, Van Gogh, um dos maiores pintores do mundo, além de seus quadros, é famoso também por ter cortado fora uma das orelhas. Em um período de dez anos, ele conseguiu produzir mais de 900 pinturas e 1.100 desenhos. Hoje, essas pinturas valem milhões. No entanto, ele sofria de depressão. Em 1889, foi internado em um hospital psiquiátrico e se suicidou, com um tiro no peito.

O *esvaziamento* deprime. Sua vida criativa precisa florescer! Amizades, saúde, sexo, trabalho, o gosto pela arte. Alimente-se para não ser alvo da depressão ou qualquer outra doença mensageira. A mulher precisa investir mais em si mesma, não um investimento capitalista e tirano, mas o investimento da psique, da alma e de sua essência, que é o que realmente importa. Precisa interessar-se mais pelos seus pensamentos e sentimentos e também contabilizar correta e francamente os fatores que as debilitam. É preciso fazer as pazes consigo. Alimente sua alma para que ela possa expandir-se.

Solidariedade: compre uma causa. Desafie-se! Conheça uma causa e lute por ela. Escolha até o tempo para isso. Vou aderir por três meses? Por um ano? Seja generosa! Pessoas podem se ajudar de forma inexplicável. Existem rodas que curam, como as rodas de oração, rodas do cuidar, encontros de mulheres, de amigas, até de parentes.

Movimente-se: escolha ter saúde indo à academia, dançando, fazendo caminhada, não importa, mas escolha algo. Lembre-se do dito popular: *quem não almoça é jantado!* Ouça sua música favorita. A música toca a alma, ela tem o poder de tocar até o nosso espírito; somos 70% água, a música vibra em nós, pulsa.

Paciência: cuide dos seus filhos. Não escolha entre o filho e a carreira. Não titubeie. Apesar de a vida ser muito breve, podemos vivê-la com profundidade. A solidão empobrece.

PERDÃO

Todos dizem que o perdão é uma bela ideia, até terem algo para perdoar. C. S. Lewis

Você nunca estará totalmente saudável se não liberar o perdão a quem lhe magoou. Relacionamentos felizes só acontecem com o exercício do perdão. Simples, ele restaura o faltoso e lhe dá a oportunidade de se reescrever, mas principalmente, ele faz você se libertar. Não fique presa, armada, amargurada e ressentida, livre-se dessa condição.

Perdoar é uma decisão ou emoção? Preciso sentir no coração para poder perdoar? Hum, passei anos pensando assim. É fácil? É fazer de conta que não aconteceu? As pessoas têm ritmos diferentes para perdoar. O tipo de ofensa muitas vezes determina o tempo. Perdoar um mal-entendido é diferente de perdoar uma traição ou um assassinato. Há pesos diferentes.

Pessoas controlam o material psíquico de antigos complexos afastando-se de pessoas ou situações que os despertam; isso funciona como um mecanismo de defesa. Precisamos entrar em contato com a criança em nós. Que criança é essa? Pare e observe. É medrosa? Insegura, inocente, maldosa, rejeitada, astuta? Olhe para si sem máscaras, você se descobrirá. Descubra seus segredos e use do *autodeboche*, essa experiência pode ser libertadora. Crie o seu perdão.

Comecei a considerar o poder curador do perdão após entendê-lo de fato como uma decisão racional. Não perdoar é perigoso. Sendo uma pessoa autocrítica, acabo sendo exigente demais e preciso ter cuidado para não julgar o outro. E nas nossas convicções, esse ato é tão automático. *Julgar*. A palavra é pesada. Tentamos nos desvencilhar dela, mas na realidade, fazemos julgamentos com uma frequência assustadora.

O não perdão gera amargura e prolongado ressentimento. Adoece a alma e, não raro, traz de brinde as doenças psicossomáticas e até a depressão, como um câncer da alma. A mágoa pode reter o ciclo da culpa e da dor. Perdoe.

Perdoe o outro, mas, antes de qualquer coisa, perdoe a si mesma. Quantas vezes remoemos fatos passados pensando: “se eu tivesse feito isso, e se dissesse aquilo...”. O passado não volta, muitas vezes erramos e às vezes fazemos uso dos recursos que dispomos naquela situação.

Vi mulheres se culparem por coisas que aconteceram na infância e carregam seu fardo até hoje (mas você era uma criança!). Os recursos de hoje não estavam disponíveis para você naquela época ou circunstância.

Carregar a culpa de que magoamos alguém e o medo por ter cometido um erro e estragado as coisas só nos oprime. Examine seu passado, porém não fique presa nele. Às vezes, falar sobre o nosso passado nos liberta dele, pois temos a chance de *ressignificar*.

Só se pode ser de fato saudável quando se relaciona melhor com os outros e consigo mesmo. Perdão possui uma energia sagrada, é melhor que alvejante na roupa. Em seguida, cultive a gratidão. Pensar no pedacinho positivo que o outro possui é bom!

Ao julgar os outros, nós nos condenamos. Se considerarmos que o antônimo do amor não é o ódio, e sim a indiferença, será muito coerente considerar que se você revolve a mágoa é porque, de alguma forma, se identifica com esse delito.

Perdoar é desativar o mecanismo da violência e agressividade exacerbada que existe dentro de nós, pois guardamos ressentimentos "justificáveis". Ah, como é fácil e comum abrirmos nosso livro tipo caixa 2: uma lista infindável ou pesarosa do que o outro fez. Perdemos tempo quando ficamos esperando sinais de arrependimento verdadeiro.

É preciso sentir-se feliz quando o outro fica feliz. Desista de reivindicar essa história. Perdoar é reconhecer as nossas falhas. Perdoar é oferecer amor quando não há motivos para amar, mesmo que o outro não mereça. Reação positiva com o ofensor ao invés de uma reação negativa. Perdoar é faxinar o coração. É cura para memórias amargas. É jogar fora o lixo emocional. É rasgar a conta. Seja livre do ressentimento.

> Nada nesta vida consome uma pessoa mais rapidamente do que a paixão do ressentimento. (Friedrich Wilhelm)

Se porventura nessa manhã você, ao abrir os olhos, identificar uma amargura e ressentimento contra uma determinada pessoa, saiba que está provocando uma grande sabotagem contra si mesmo(a). Esse sentimento pode enfraquecer áreas vitais da sua vida ao corroer o que há de mais precioso na sua existência: o seu coração.

Ressentimento é como um anzol em que trazemos certas pessoas amarradas na nossa linha. Enquanto não as libertarmos desse anzol, as consequências maléficas que causamos em nós mesmos serão devastadoras. Ressentimento é a mãe das principais doenças emocionais e é a responsável por um número incontável de pessoas que hoje estão se submetendo às mais variadas formas de terapias ou ocupando leitos de hospitais.

Quem é a pessoa (ou pessoas) que hoje você precisa "soltar" do seu anzol para que fique aliviado desse peso? Você pode criar, pela graça de Deus, um espaço no seu coração

> para a paz e a felicidade? Nesse momento, pense naquela pessoa à qual você tem manifestado um negativo sentimento de condenação ou crítica. Após fazer isso, visualize em sua mente a abertura do seu anzol e, mesmo que você não tenha a mínima vontade de fazer isso, diga a Deus: "Deus, em obediência à Tua Palavra, eu libero essa pessoa dessa culpa contra mim." (Nélio da Silva – www.encorajamento.com)

Quando estamos magoados, inevitavelmente aparece um oportunista em nosso coração: o sentimento de vingança. A vingança é o desejo de fazer mal ao outro, justificadamente, claro.

A repetição da ofensa é apenas um caminho paralelo da agressão, só que ainda mais potencializado. Pensar em se vingar é igualar-se ao agressor, o que gera um ciclo repetitivo de ações. Se você ainda não se ama o suficiente é porque tem uma mentira que pesa sobre você. Livre-se dela, se possível com ajuda técnica.

O divórcio

Divórcio é, antes de tudo, um luto. O casamento marca o momento de um novo ciclo vital, uma fase da vida em que começamos a adquirir coisas e afetos, experiências e dificuldades da nova relação. Em contraponto, o divórcio passa a ser a sua antítese, representando a perda, os desafetos e a divisão.

A separação pode acontecer em qualquer fase do ciclo vital, independentemente de qualquer experiência conjugal ou familiar anterior, se dá sobre uma infinidade de circunstâncias econômicas, sociais, afetivas e culturais, e pode produzir reações das mais diversas nas pessoas envolvidas, não sendo possível falar em homogeneidade entre as diferentes pessoas ou famílias que passam pelo divórcio.

Alguns autores referem-se ao divórcio como a morte do casal e, por vezes, como a morte de uma família. É uma morte simbólica, em que todos permanecem vivos. Morrem sonhos como o "de viver felizes para sempre" ou "até que a morte os separe". Morrem as expectativas, conscientes ou não, de cada um, o que representa um momento muito difícil de decisão para um casal, que pode se sentir paralisado diante dessa situação.

O divórcio é a expressão social da separação, oficializa a dissolução de um casamento e libera as partes para um possível novo relacionamento. No entanto, um *recasamento* só é possível depois que a separação seja efetivada e a vida seja reestruturada objetiva e subjetivamente, até porque, muitas vezes, a perda que se chora é mais da ideia que se tinha de si mesmo e da família, do que da realidade do relacionamento.

Para incorporar o divórcio na vida das pessoas de forma saudável, é preciso que se dê espaço tanto para recordações positivas como negativas da relação que acabou. Não se agarrar a sentimentos de raiva e perdoar tanto o ex-parceiro como a si mesma, pois não é possível recuperar uma boa visão de si sem resgatar algum valor pessoal no parceiro com quem se dividiu uma vida e os sonhos por algum tempo. Afinal de contas, em algum momento você o considerou a sua metade.

É necessário que se consiga aceitar as inevitáveis ambiguidades, não apenas da relação e das pessoas envolvidas, mas da própria vida em si, para que não se continue carregando sonhos impossíveis para as próximas relações. Esmerar-se em conter nossas expectativas e ideais.

A perda deve ser enfrentada sem, com isso, se mergulhar na dor. Exageros, desculpas e versões caricaturadas do antigo parceiro só atrapalham no desligamento do relacionamento já acabado. Isso requer um trabalho de elaboração que vai além da mera separação. Apesar desse investimento, o lucro é certo.

Um casamento não se rompe num único dia e não pode ser resumido como resultado de um único incidente ou por culpa de apenas uma das partes. É algo muito mais complexo e multifacetado, que faz interface com diversos aspectos da relação do casal.

Se para se casar era preciso primeiro se separar da família de origem, para se separar, é preciso fazer uma espécie de "casamento psicológico", em que aspectos bons e ruins de uma pessoa sejam somados, e, portanto, integrados, tanto do parceiro como de si mesma, em uma maneira de sobrevivência após a separação.

Para se formar um casal, é preciso ter duas pessoas inteiras, e não duas metades que se juntam e se completam, como é ilustrado em prosa e verso. Essa imagem pode ser muito romântica, mas, na realidade, não funciona. E, mesmo quando a separação é inevitável, as duas pessoas, que por um tempo compuseram um casal, devem poder se separar mantendo-se cada uma inteira e capaz de se permitir uma nova experiência.

O que morre é aquela relação, e não as pessoas nela envolvidas, ou seus sentimentos, apesar de, no dolorido momento de uma separação, frequentemente ocorrer uma distorção na visão que se tinha do parceiro e até do casamento enquanto instituição ou experiência humana.

Na mesma proporção, devemos tratar dos filhos do divórcio com uma maturidade além daquela dispensada a nós mesmos. Filhos têm sofrido demasiadamente com separações truculentas e agressivas. Para eles, viver essa ruptura já é um sofrimento (quanto melhor conduzirmos a relação dos adultos, mais facilmente os filhos se adaptarão).

Lembro-me do filme *Uma babá quase perfeita*, quando o ex-marido, que não queria o divórcio, fez de tudo para reatar, mas numa conversa franca e respeitosa dos filhos, do pai e da mãe, ela ressalta:

– Eu não odeio seu pai, apenas nossos defeitos não combinam mais.

Não podemos permitir que sentimentos ruins pertencentes a nós recaiam sobre os sentimentos de nossos filhos. Eles não precisam ter de escolher quem se ama mais, nem quem é o culpado; continuam filhos e isso ninguém vai mudar. Trabalhar nosso sentimento de perda, de ciúmes de um possível e novo relacionamento traz maturidade e paz para todos os envolvidos.

A lei precisou intervir no caso de pais que machucam seus filhos pisoteando-os sobre o divórcio: trata-se da alienação parental. Quando se cria a situação em que a mãe ou o pai de uma criança a treina para romper os laços afetivos com o outro cônjuge, criando fortes sentimentos de ansiedade e temor em relação ao outro genitor, estamos nos transformando em algo bem obscuro, e pior ainda, acarretando feridas emocionais em nossos próprios filhos. Nessa luta eles viram verdadeiras armas nas mãos de pais confusos. Resulta da combinação das instruções de um genitor, o que faz uma espécie de lavagem cerebral, uma contaminação nas ideias da criança em relação ao outro.

A lei prevê medidas que vão desde o acompanhamento psicológico até a aplicação de multa, ou mesmo a perda da guarda da criança a pais que estiverem alienando os filhos, na lei denominada como Lei da Alienação Parental, sancionada em 2010.

Relações duradouras

Relacionamentos duráveis requerem disposição para transformação. Gosto deste prefixo, *trans*, aquilo que atravessa, o que vai além da própria formação, da inicial e básica. Essa experiência nem sempre é dolorosa, podemos aprender a nos relacionarmos com o outro e com diversas situações, de maneira muito melhor. Alguns aspectos de nosso temperamento ainda precisam ser polidos. Por vezes, perdemos para ganhar, como a poda nas árvores, que as deixam ainda melhores.

É importante saber se calar eventualmente. Quem disse que temos razão sempre? É preciso questionar nossas próprias verdades, por mais convicção que tenhamos. O coração do homem é muito enganoso. Cuide do seu. Quem mesmo escreveu "quer ser feliz ou quer ter a razão?"? Ter razão nos deixa duros demais, intransigentes demais e chatos demais. No entanto, ser feliz é mais leve e incomensuravelmente mais prazeroso.

Muita liberdade pode desmantelar o outro. A intimidade em excesso nos deixa mais próximos do primitivismo. As formalidades, gentilezas e paciência com os amigos devem estar presentes nas relações mais íntimas, como marido, filhos, irmãos e outros. Delicadeza, sempre.

Saber como parar uma briga, discussão ou aferimentos é um dom, um exercício útil a ser praticado. Uma amiga pernambucana me ensinou que todo casamento esfria. Que aquele relacionamento que *esquenta o bucho e dá nó nas tripas*, só mesmo no início da relação. E isso não é ruim, é apenas transformação. Se amarmos demais uma fase, não poderemos contemplar as novas, porque cada ciclo tem sua vantagem. Basta não ficar presa ao passado!

A felicidade conjugal precisa ser construída com renúncias e investimento. O casal precisa adquirir cumplicidade, aprender a ser leal. A ter segredos só deles, não apenas com os filhos e parentes. A dois, a lealdade se fortalece. Há homens que são maridos apenas dentro do quarto e a mulher deseja mais que isso. Ela quer companhia. Mas experimente parar de reclamar e semeie a terra. Ainda temos um sonho romântico do amor perfeito, do homem ideal.

O filme *Uma linda mulher* confirma essa ideia; uma mulher à procura do verdadeiro amor, e até muito fragilizada, encontra um homem rico, bonito, inteligente e que a amou incondicionalmente, pois até o momento ele era um empresário e ela, uma prostituta. O filme foi sucesso em vendas, a trilha sonora mais ouvida, arrecadou uma fortuna para o cinema, mas atenção: esse homem existe? Você pode ter encontrado um homem bonito, inteligente, trabalhador, mas teve que abrir mão do abdome de tanquinho, este é o mundo real. Ninguém tem tudo.

O que você está disposta a sacrificar? Pare tudo o que estiver fazendo, inclusive de ler, e gaste tempo com essa reflexão. Mulheres precisam ser maduras o suficiente para essa reflexão, para suportar frustrações, e a expectativa em relação ao homem é uma delas. Precisamos sacudir esse sonho romântico.

Se tratar o marido como um filho, controlando, proibindo em excesso, manipulando-o com a família, no momento de dificuldade, você tem apenas um gatinho para acariciar ou servir de companhia, mas, se tratar o marido como homem, na crise, você terá um ombro. Não precisamos renunciar à paixão, mas precisamos mudar nossa condição para a paixão.

Usamos um gabarito quando buscamos um relacionamento. Relacionar-se dá trabalho. Relação é troca e estamos pouco disponíveis para trocar, porque é menos oneroso ensinar. Sou o que sou. Mas se as pessoas não nos ensinam, estamos cada vez mais pobres, menos dinâmicos, mais endurecidos e cativos.

Sair com um *checklist* das características que queremos em um amigo, namorado ou o que for enfraquece-nos na rica experiência de viver a vida de verdade. É como comer melancia sem casca, de garfo e faca. É beijo sem língua. A dificuldade em superar frustrações é um inimigo natural. Parece tão imaturo, e é indigesto assumir isso. Mas o descontentamento contínuo também é armadilha e veneno para quem o tem.

Reconhecer no outro o que ele pode oferecer é um importante passo para não cair na vala da busca pelo ideal, pelo romance ou pelo outro que não existe. Lembro-me de um dito popular dizendo: *a mulher casa esperando que o homem mude, e ele não muda, o homem casa esperando que ela não mude, mas ela muda.* Achei muito sábio porque a nossa exigência cresce muito. Não que devemos nos acomodar com a vida, longe de mim pensar assim, pois a vida é mudança e manutenção, mas olhar-se como a namorada dele também faz bem, porque, se fosse na época do namoro, teríamos mais senso de humor, mais paciência e muito, muito mais elegância e delicadeza para falar ou ensinar a ele. Gentileza gera gentileza, lembra?

Relacionamento familiar

O ser humano tem duas facetas; criamos bombas nucleares e também as melhores UTI. Tudo nesta vida tem o lado positivo e o lado negativo. Quais seriam então os benefícios de se viver em família: há amor, companhia, mas também há brigas, discussões, problemas. Em terapia familiar sistêmica, a família é como um móbile: um afeta o outro. Precisamos focar a solução, e não o problema.

É preciso olhar para os recursos e as possibilidades de cada um. Promover o lado positivo. O ser humano precisa ser cuidado para construir-se e constituir-se. Educar é um privilégio, porque assim se aprende. A expectativa da perfeição pesa em nós, mas somos luz e sombras.

Precisamos ser uma família normal, e não perfeita, ser a família em construção, basta estarmos no caminho. É preciso considerar:

- É um mito querer seguir os 10 passos para isso ou aquilo, porque não somos equipamentos ou máquinas.
- Outro mito é o sistema econômico, em que ter é mais que ser. Entretanto, muitas vezes abastecemos esse desejo em nossos próprios filhos.
- O consumismo nos escraviza.
- Outro mito é nossa herança ou distorções da herança familiar; alguns legados nós podemos negar ou modificar. Todo casamento é bicultural, é preciso tolerar as diferenças.

Precisamos ter contato com a nossa própria criança (feridas, culpa, insegurança); a criança assume culpas que não são dela na relação dos pais. Às vezes, a família trava e o terapeuta ajuda a destravar. As pessoas gritam quando afetivamente estão longe umas das outras. Temos de compartilhar emoções. É preciso deixar espaços para os conflitos familiares. Saber lidar com a raiva, pois o vínculo deve ser genuíno.

Os rituais devem ser cultivados: almoço junto, festas, preces, etc. Existe a síndrome da adolescência normal, que deve ser vivida com naturalidade. Todo adolescente precisa infringir regras. Todo adolescente precisa se rebelar. Mas é claro que você usará os seus parâmetros de normalidade também. O que é mais complexo: o filho usar uma roupa esquisita da moda dele ou permitir que ele coloque um alargador ou faça uma grande tatuagem? A briga é por um corte de cabelo que daqui a três meses se transforma?

Mães de meninas precisam de um cuidado extra: não cair na sedução de ser a amiguinha dela. Você é mãe, e esse lugar já lhe basta. Amigas ela terá diversas ao longo da vida, você permanece, mas não dá para construir com filhas laços de irmãs, de cumplicidade a ponto de esconder informações do próprio marido.

Muitas vezes, enchemos nosso dia de atividades porque não sabemos ficar juntos só por ficar, conversando. Os nossos valores precisam ficar impressos no coração dos filhos ao mesmo tempo em que devemos oportunizar seu processo de crescimento, autonomia. Correções muito severas deixam os filhos amargurados, mas uma educação superprotetora gera filhos mimados e inseguros. Precisamos disso, filhos precisam de regras e de liberdade/autonomia. Na família, a identidade de cada um deve ser preservada e respeitada. É preciso pensar nas qualidades de cada membro familiar.

O adolescente de hoje gasta seu tempo, em primeiro lugar, em redes sociais (bate-papo) e, em segundo lugar, com jogos. Busca a internet, primeiro porque gosta, ela é muito atraente, depois passam a usar para fugir de problemas ou aliviar tensões. Estudos apontam que 58% dos adolescentes que usam a rede mundial de computadores passam a ter declínio nos estudos.

Tímidos a usam com maior frequência. Baixa autoestima, insegurança, transtorno do déficit de atenção e hiperatividade, transtorno obsessivo-compulsivo, depressão e transtorno bipolar são problemas passíveis de ocorrer com o uso abusivo da internet, a qual pode funcionar como um refúgio.

Como o indivíduo não se expõe, ele não aprende a lidar com suas reais dificuldades. Socialmente, isso o empobrece, o isola ainda mais. Como os pais não viveram esse fenômeno, não possuem exemplos ou experiências para oferecer, de modo que os adolescentes acabam tendo de viver isso sozinhos.

É uma geração em que os filhos têm muito o que ensinar aos pais. Eles sabem mais sobre o celular, o computador e os jogos. Podemos então trocar essas experiências e valorizar os filhos com essas habilidades.

Os pais precisam estabelecer regras, dentro e fora de casa, para o uso da internet. Estar atento às mudanças do comportamento e procurar ajuda sempre que necessário. Algumas mulheres, sem perceber, buscam parceiros muito semelhantes a seus próprios pais, já outras têm questões para resolver com suas mães. Somos sempre resultado de nossos lares. As relações inacabadas com nossa família de origem podem virar fardos em nossa história atual.

Pais e leis: o ato infracional sob a ótica da família

> "Quando meu filho foi preso, não entendi nada. Sabe por quê? Ele é um bom menino, ele tem lá suas malcriações de adolescente, vocês sabem, mas bandido ele não é, não, o problema são essas más companhias, esses meninos com quem ele anda".

Intrigante pensar em nossa relação com as leis, e muito curioso também. Parece que nessa relação, principalmente quando envolve nossos filhos, existe uma zona cinzenta, como um ponto cego da direção veicular, quando, por exemplo, o que é ilegal vira legal e vice-versa. Lembro-me de uma designação comum dada aos *motoboys*, de que são considerados vampiros, pois mesmo com três retrovisores no seu automóvel, muitas vezes eles não são vistos. Será que da mesma maneira, em algumas frações de segundos da nossa existência, a lei não passa como um vampiro, invisível, rápido e despercebido?

Quando envolve sua cria, os pais buscam recursos internos para explicar e, não raro, burlar a lei, o que é muito perigoso. Lembrei-me da história do filho de um famoso empresário do Brasil, que atropelou um ciclista, do adolescente que conduzia um *jet ski* e atropelou uma criancinha de 3 anos e do jovem que atropelou o filho da atriz Cissa Guimarães. Fiquei observando, por meio das reportagens, a atuação dos pais desses "infratores", e a dor dos pais que perderam os filhos. Como reparar tamanho dano?

Nada nos impede de proteger nossos filhos, porém, vamos burlar a lei e sermos coniventes com o crime? Será que por meio dessa artimanha não estaremos proliferando a criminalidade? Normatizando o erro? Tornando-nos ágeis para proteger, mas, às vezes, ineficazes para corrigir. Assim fica formada a *codependência*: ajudamos a manter o vício, reforçando com retaguarda exatamente aquilo que desejamos exterminar.

O que é ser pai? Como educar um filho?

Pai coloca regras e limites. A placa de trânsito avisa a velocidade máxima, mas a maioria dos motoristas, filhos desobedientes, não respeita. Então veio o radar fotográfico, e agora funciona; a obediência veio com a punição. A punição ajuda inúmeras coisas a funcionarem melhor.

Você tem pai severo? Que bom, ele não é um omisso. Pai precisa ser o exemplo. Nossos filhos são como alunos, discípulos, aprendem a vida conosco. A nossa influência sobre eles precisa ser mais marcante do que qualquer outra. Não basta acionarmos neles o desejo de ter, sem antes ajudá-los a ser.

Há pais que temem ensinar porque só pensam em agradar. Eles precisam pensar em sua criança interna: o que está mal resolvido em sua história como filho poderá atrapalhar sua função de pai. Não sou contrária a presentear filhos. É gostoso poder dar coisas a eles, mas não podemos cair na armadilha de que presentes substituem a presença. O livro de Provérbios diz que devemos ensinar o caminho para nossos filhos e eles não se desviarão dele, mas ensinar o caminho é estar nele, ou seja, manter um exemplo de integridade é dialogar incansavelmente.

Descobrimos o que é a autoridade aos poucos: pais disciplinam sem humilhar. Escrevendo sobre isso me lembro das notícias horripilantes sobre filhos que mataram seus próprios pais. A casa e a família deveriam ser nosso porto seguro, mas têm se transformado num palco de tirania, opressão, abuso sexual e outras confusões.

Por outro lado, em algumas casas, temos pais omissos, permissivos, que não cuidam porque dá trabalho, causa desgaste. Precisamos de pais que saibam dizer sim e dizer não. Que tenham coragem de negociar e renegociar regras e também firmeza para não negociar o que não está em questão. A disciplina de forma dura pode gerar amargura e raiva nos filhos. Por outro lado, só carinho pode gerar filhos mimados e inseguros. Precisamos usar a balança do bom senso o tempo todo.

Aliás, pais precisam ter tempo para seus filhos, é um dos seus tesouros, não é? O importante é sabermos transformar o impacto, a negativa em impulso, fôlego, disciplina e coragem. O papel do pai tem sido muito questionado e, infelizmente, por vezes, fragilizado. Quando as mães dizem aos filhos "está vendo, seu pai, cadê? Eu é que faço tudo por você!". Pais têm sua própria função e seu jeito de administrar as coisas, entenda. Valorize a figura masculina.

Filhos que temos, filhos que queremos

Porque somos uma geração de muito conforto, não queremos que eles sofram por nada! Tudo dói em nós. Importante lembrar que conta o nosso desejo de autoproteção. Será que os estamos fortalecendo ou deixando-os mais frágeis com a nossa fragilidade e dó?

Temos dó por vê-los estudar mais, carregar as mochilas pesadas do colégio (antes nós subíamos em árvores suportando o peso dos nossos corpos, mas eles, coitadinhos, é só carregar a mochila pesada que vamos à escola para reclamar com os professores).

Outro dia presenciei, na reunião do colégio dos meus filhos, uma discussão sobre as meninas não poderem usar miniblusa no calor. "Coitadas! Elas transpiram e a camiseta é muito quente, além disso, o *campus* do colégio é muito grande, elas têm de andar muito!".

Agora, estamos ou não entrando numa geração frágil, com dificuldades em lidar com as frustrações futuras? Se, para a mulher, essa fragilidade é um dos preparativos, penso que mulher ela será no futuro, que companheiro ela exigirá. Um faz-tudo? Perfeito, príncipe? E onde os encontrar?

Como criamos filhos homens? Com dó das mochilas pesadas? Com pena de horas de estudo ou exercícios cansativos? Com tristeza por não poder pagar o *game* mais moderno que saiu? Como tornar-se um homem? Ser homem é estar além de qualquer expectativa feminina?

Eles não começam a carreira ganhando uma fortuna, nem trabalhando pouco. Eles nem sempre serão correspondidos num grande amor (bem-vindo ao mundo dos mortais). Seus patrões ou chefes não os compreenderão com olhares paternos e dóceis, e sim exigentes. Lavar louça não desqualifica ninguém (não faz cair o braço nem as pernas)!

Preocupa-me o olhar que temos em relação ao homem. De uma exigência sem fim, em que nada está bom o suficiente, mas será que o que falta nele não é o que falta em primeiro lugar em mim mesma? Essa incompletude virou uma tirana que me persegue e sufoca? Se vivemos todo esse tempo e não sabemos como resolver, por que eles, sendo tão mais jovens, precisam ter essa resposta?

Os questionamentos que temos em relação aos homens podem apontar caminhos preciosos na educação dos filhos homens.

Filhos são presentes de Deus. Parece que somos a última geração que obedeceu aos pais e que, agora, obedecemos aos filhos. Trabalhamos para a formação do caráter e, sendo assim, a influência do lar é fundamental, além de um temperamento congênito: precisamos levar em consideração algumas características inatas. É melhor um filho obstinado ou dócil?

Como contribuir para moldar o caráter:

1. Por meio do exemplo: nossas ações ainda constroem modelos bem definidos na percepção de vida de nossos filhos. A nossa conduta com os familiares, os compromissos, a profissão. O modo de lidar com nossos afetos é altamente revelador. Algumas vezes desejamos saber sobre os sentimentos deles, mas não permitimos compartilhar com eles os nossos. A vivência é uma esplendorosa professora. Por exemplo, quando o filho vê a mãe chorar, pergunta o porquê e ela simplesmente diz "não foi nada", ela revela que os afetos devem ser escondidos, fora da partilha, negados e, o que é pior, que não quer dividir isso com ele. E a criança aprende.
2. Por meio da instrução: exigir trabalho de nossos filhos pode não ser proveitoso na pouca idade, e seu direito de apenas estudar é defendido por lei; a lei existe para ser obedecida, então nosso dever com eles é ofertar a instrução. Ofertar e cobrar, interessar-se pelos estudos deles, cooperar e incentivar. As tarefas domésticas compatíveis com a idade do filho podem e devem ser aplicadas. Sempre lembrando o tipo de tarefa e a idade do filho.

3. Por meio da repetição ou treinamento: algumas características são inatas e outras aprendidas e/ou induzidas socialmente, portanto, vale orientá-los repetindo várias vezes o nosso desejo em relação àquilo que esperamos deles. Não desanime pensando que seu filho é muito diferente de você (aliás, que bom que ele é diferente), respeite sua personalidade, seu temperamento, com paciência e perseverança.

A ameaça que não se cumpre sempre terá uma repercussão negativa. Por exemplo, quando uma mãe raivosa diz:

– Eu vou arrancar suas orelhas!

Se ela sabe que não fará isso, por que ameaça? Seria para mostrar que suas promessas não se cumprem? A criança grava o que a mãe diz ou sente. O conselho bíblico (Col. 3:21) diz "pais, não irriteis os vossos filhos", então, por lógica, sabemos que somos irritantes. Vamos nos policiar nessa função.

Pais muito exigentes, cuidado! Amor é uma necessidade básica. Afeto se aprende, e em casa! Amor é incondicional. Devemos estar sempre atentos à fase de desenvolvimento, para que sejamos respeitosos com nossas crianças e jovens. Procure compreendê-los.

O contato visual, olho no olho, estabelece relacionamento e para qualquer tipo de dificuldade, a conversa ainda é o melhor caminho. O contato físico aquece o corpo e o coração, por exemplo, o beijo no machucado. A mãe sabe que não é o beijo que sara, mas a mensagem implícita é de que o amor cura, e isso ameniza a dor.

Tenha atenção concentrada para cada filho, pois cada um tem seu jeito de ser, uma história, cada filho merece uma abordagem. Use a disciplina com amor, sem ira. Se ficou muito nervosa com algo que seu filho fez (e eles são mestres nisso), acalme-se primeiro, depois corrija. Não diga palavras ofensivas ou corretivas no calor das emoções, você pode magoá-lo para sempre. Espere.

No filme *Uma lição de amor*, um pai especial luta pela guarda da filha. Ela, mesmo sendo uma criança de apenas sete anos, faz uma *ressignificação* muito bonita: quando percebe que o pai tem algum tipo de problema mental, que é diferente dos outros pais, a garota diz que, pelo fato de o pai ser diferente, ele tem tempo para brincar com ela, ir ao parque, buscá-la na escola, o que os outros, em sua maioria, não podem fazer. Esse olhar para o lucro é fundamental; se não tirarmos os olhos das deficiências de nossos filhos, fica difícil compreendê-los.

Qual é o grande problema dos adolescentes? Os pais. O recorde das reclamações do jovem são os próprios pais. Os pais precisam ajudá-los a passar para a vida adulta. Nós ajudamos o bebê a virar criança, precisamos ajudar na passagem para a próxima fase. É uma mudança de ciclo vital, é conturbado, difícil para eles também. Nessa fase, eles estão experimentando colocar em prática sua autonomia, a liberdade para ter seus próprios pensamentos e decisões. Comemore isso ao lado dele.

Lembre-se de que algumas escolhas serão falhas, mas precisam experimentar. Outras serão evitáveis.

É muito comum os pais se identificarem com seus filhos nessa idade. Então precisamos revisitar a nossa adolescência e *ressignificar* alguns acontecimentos para não confundirmos a nossa história com a de nossos filhos, concedendo perdão a possíveis falhas ou exageros de nossos próprios pais. É momento de rever parte da nossa história para não repeti-la com nossos filhos. Vamos fazer melhor, uma vez que já vivemos a adolescência.

Quando vemos alguém ter alta de um hospital, damos palavras de ânimo, de esperança. É o que se espera, afinal, ficamos contentes em ver alguém ter melhora e experimentar uma recuperação. No entanto, alguns pais dão palavras de desencorajamento ao filho em erro ou recuperação, e isso é desanimador e gera raiva nos filhos:

– Você não faz nada... não serve para nada... preguiçoso.

Temos de amar do jeito que eles são. Deus os deu para você. E pode ser que você ande muito distraído.

A Bíblia conta que o próprio José esqueceu seu filho Jesus na cidade. O pai perde o filho, só se dá conta quando a mãe pergunta dele. Eles já haviam caminhado dias. Jesus estava na sinagoga. Para ele, era normal estar ali. Os pais é que ficaram aflitos, o jovem Jesus não percebeu o tempo passar porque estava fazendo algo que gostava.

O adolescente acha que tudo é normal, que o perigo não existe, ou mora longe demais dele. É imaturo, mas combina com a idade. Estão testando sua autonomia. Quando eram crianças também não viam o perigo, mas nós, com paciência, dizíamos:

– Isso faz dodói, não pode.

Cuidávamos para ensinar, e o adolescente ainda precisa ser ensinado, com amor, com paciência. Não podemos abandonar nossos filhos, porque nosso Deus é o Deus do impossível.

Casa arrumada

Por muito tempo pensei que este texto fosse de Carlos Drummond de Andrade, como poderão observar na internet, mas recentemente descobri que foi escrito por Leda Gino, e por ser um texto de uma mulher, passei a admirá-lo ainda mais.

> Casa arrumada é assim:
>
> Um lugar organizado, limpo, com espaço livre pra circulação e uma boa entrada de luz. Mas casa, pra mim, tem que ser casa e não um centro cirúrgico, um cenário de novela. Tem gente que gasta muito tempo limpando, esterilizando, ajeitando os móveis, afofando as almofadas... Não, eu prefiro viver numa casa onde eu bato o olho e percebo logo: aqui tem vida... Casa com vida, pra mim, é aquela em que os livros saem das prateleiras e os enfeites brincam de trocar de lugar.
>
> Casa com vida tem fogão gasto pelo uso, pelo abuso das refeições fartas, que chamam todo mundo pra mesa da co-

> zinha. Sofá sem mancha? Tapete sem fio puxado? Mesa sem marca de copo? Tá na cara que é casa sem festa. E se o piso não tem arranhão, é porque ali ninguém dança. Casa com vida, pra mim, tem banheiro com vapor perfumado no meio da tarde. Tem gaveta de entulho, daquelas que a gente guarda barbante, passaporte e vela de aniversário, tudo junto... Casa com vida é aquela em que a gente entra e se sente bem-vinda. A que está sempre pronta pros amigos, filhos... Netos, pros vizinhos... E nos quartos, se possível, tem lençóis revirados por gente que brinca ou namora a qualquer hora do dia. Casa com vida é aquela que a gente arruma pra ficar com a cara da gente. Arrume a sua casa todos os dias... Mas arrume de um jeito que lhe sobre tempo pra viver nela... E reconhecer nela o seu lugar.

Que maneira brilhante e simples para nos dizer que devemos aproveitar a vida. Que gostoso! Afinal, trabalhar tanto para quê? Ficar sem tempo para a família, os amigos, as festas? Para quê?

III Parte

O predador

Quem pode me socorrer?

Rosa nasceu com nome de flor. Mas a rosa tem pétalas macias e espinhos, e acredito que Deus a fez assim porque, sendo suas pétalas tão delicadas, foi necessário que o caule revestido por espinhos a protegesse. Com a Rosa, isso também aconteceu.

Eu, Rosa

"Desde que casamos, meu marido, cabra de peste, já se mostrou violento. Mas quando a gente namorava essa brabeza dele me excitava, homem brabo, valente, viril, eu confesso que gostava. Mas não sabia que isso tomaria proporções tão gigantescas.

Éramos da Paraíba e viemos pra São Paulo em busca de trabalho e foi dando certo, mas aqui a vida também é muito dura, você consegue o trabalho, mas vira um escravo e o dinheiro, pagando aluguel, nem dá pra nada, só mesmo pra sobreviver.

Eu não sei se foi isso, se foi ficar longe da família, ou ficar tão perto da cachaça que ele começou foi a me bater. Ele judiava de mim, no começo porque queria sexo todo dia, depois porque a janta não tinha o que ele queria, depois porque nosso filho pedia coisas, eu sei lá, não tinha uma razão de ser, mas uma coisa era certa: todos os dias tinha surra em casa.

Os vizinhos? Ah, eles ouviam, mas ninguém falava nada, eu achava até bom porque eu morria de vergonha. Mas com o tempo ele foi batendo cada vez mais e eu sabia: eu ia morrer um dia desses. Meu filho via tudo, eu mandava ele correr para o banheiro e ficar trancado lá. Eu não vivia mais, só chorava e meu filho ia pra escola e voltava correndo pra ficar comigo e as notas dele, cada vez piores, e aí era motivo de eu apanhar mais.

Mas um dia, ele chegou mais cedo, meu filho estava no quarto fazendo a lição e eu, como de costume, preparando a janta. Minha casa era muito pobre, só tinha dois cômodos e um banheiro. Na cozinha, tinha o tanque, que também servia como pia e ao lado, coladinho, o fogão. Eu tinha em mãos uma faca boa, eu estava descascando batata para fritar e o óleo ao lado, no fogão, esquentando.

Quando ele entrou, já entrou brigando e a luta rapidamente teve início. Eu sei que naquele dia ele me empurrou para dentro do tanque, rosto a rosto comigo e dizia:

– Mulé, hoje eu vô te matá.

Eu via o ódio dentro dele e eu já estava cansada de tudo aquilo. Foi quando ele pegou o óleo fervendo do fogão e disse que iria jogar em mim. Pensei rápido, peguei a faca, e com a faca, o empurrei de cima de mim, a faca entrou por completo em seu bucho, ele foi enfraquecendo e caiu, meu filho e eu corremos de lá e os vizinhos chamaram a polícia!

Eu matei ele."

Tá na hora

"Eu sou baladeiro, da *night*. Sou homem, viril, forte, trabalhador. Às vezes, sou romântico, depende da gata. Moro sozinho num apartamento numa região nobre de São Paulo. Sempre que conheço alguma garota interessante, que mexa muito comigo, levo para meu apartamento. Se ela tem carro, vai embora sozinha, se não, eu mesmo a levo. Sempre peço para dormirem comigo e só irem embora quando amanhecer. Acho que é menos perigoso. Sendo assim, é comum o porteiro do prédio ver uma ou outra mulher saindo de minha garagem.

Certa vez, conheci uma gata que mexeu mais comigo. Então, em vez de ela ir embora na manhã seguinte, a convidei para ficar mais uma noite, só que, depois da segunda noite, ela ficou, e ficou e passou uma semana. Ela ia pra casa dela trocar a roupa, mas voltava para meu apartamento. Deixei a chave com ela no primeiro dia e ela tirou cópia para os dias posteriores. Como eu não queria me amarrar em ninguém, ao final da semana, saí de casa cedo para trabalhar e, por telefone, disse a ela que fosse embora para a casa dela, que num outro momento eu ligaria para irmos ao cinema ou coisa assim. Percebi que ela não gostou muito, mas não me contradisse, concordou e pronto.

Naquele dia, ao voltar do trabalho, cheguei em casa e, quando fui para a cozinha beber água, vi a minha coleção de relógios (uma paixão que cuidava como uma herança) todos sobre o granito da pia, enfileirados e todos, sem exceção, arrebentados com o uso de uma marreta que se encontrava ao lado.

Fiquei enlouquecido! Liguei na hora para a portaria, gritando com o porteiro para saber quem entrou em meu apartamento, e ele respondeu que havido sido ela, que tinha a chave. Imediatamente liguei em seu celular, ela não atendeu. Cego de raiva, enviei uma mensagem dizendo que iria fazer com a cara dela o que ela fez com meus relógios. Iria arrebentá-la.

Ela levou o celular para a delegacia da mulher e fez um B.O. contra mim. Eu tive que cumprir seis meses de medida reflexiva no grupo de homens. Fiquei com mais ódio dela ainda. Não foi justo! Mas, no decorrer do grupo, aprendi a refletir, a dar um tempo para organizar minha emoção. Entendi que eu tive, sim, razão, mas não me comportei de forma correta e por isso meti os pés pelas mãos. Mulheres, quando querem ferrar a gente, ferram, mas nosso maior inimigo ainda é a falta de domínio próprio".

Violência doméstica: o preço do silêncio que todos nós pagamos

A violência contra a mulher suscita nossas preocupações e atrai a atenção da imprensa. É momento de discutir em profundidade. Cada município precisa cuidar de suas mulheres, homens e famílias. Acolher, tratar e, por vezes, punir.

Nosso intento precisa estar nesta causa. A violência é uma questão que envolve a todos nós. O poder público precisa conhecer as causas, cuidar, acompanhar a vítima, tratar do agressor e monitorar a família. É uma questão de saúde pública. O cidadão pode e deve denunciar, protegido pelo sigilo.

A violência é um problema da sociedade, não apenas da mulher. É de responsabilidade do Estado promover ações preventivas e tomar providências jurídicas e legais para proporcionar o atendimento à saúde da mulher. A Organização Mundial da Saúde (OMS) reconhece a violência doméstica como uma situação capaz de agravar tanto a saúde física como a saúde mental. Sendo assim, suas consequências se refletem no campo do trabalho e oneram os cofres públicos, já que engrossam o caldo das redes de atendimento à saúde, inclusive aquelas de média e alta complexidade.

A mulher que sofre violência precisa ser respeitada. Não podemos desqualificá-la por essa triste experiência. A luta é contra a violência, e não contra suas escolhas afetivas. A Lei Maria da Penha (Lei n. 11.340, de agosto de 2006) cria mecanismos para coibir a violência contra a mulher. Antes dela, a violência doméstica recebia tratamento negligente e descompromissado por parte do Estado, para dizer o mínimo.

Os crimes de lesão corporal e ameaça, delitos mais constantes no âmbito da violência doméstica, eram conceituados como crimes de menor potencial ofensivo, recebiam o tratamento legal previsto na Lei n. 9.099/1995, que, na maioria das vezes, acarretava a doação de cestas básicas. Um descompromisso, sem dúvida. Ocorre que, infelizmente, em pleno ano de 2014, a sociedade, com sua herança machista, ainda vê com menosprezo a mulher vítima de violência. Parece estranho porque, quando a mídia fala sobre isso, e quando participo de palestras e debates, ninguém concorda com a continuidade da violência. É fácil criar adeptos para a causa numa discussão em grupo, mas creiam, é muito difícil garimpar pessoas que de fato envolvam-se com a causa para prestar um bom serviço a essas mulheres no cotidiano.

Simples, começamos a considerar a própria delegacia da mulher. Já esteve em uma? Eu já. O tratamento frio e não raro ríspido (da maioria delas) afasta qualquer mulher que esteja com a mínima dúvida acerca de fazer ou não sua denúncia. Sei disso por conhecimento de causa, uma vez que estou há 12 anos trabalhando com serviço público: muitas reuniões, poucos servidores. Na reunião com autoridades, é tudo bonito, todos abraçam a causa, mas, no dia seguinte, quando se telefona para determinado serviço, a morosidade começa a aparecer.

É claro que existe, sim, em todos os lugares, um grupo bem intencionado, mas inegavelmente grande parte está limitada a desejar salas com telefone e ar-condicionado, e trabalhar no enfrentamento à violência é muito mais que isso.

Ainda somos excessivamente lentos e burocráticos. Falta vontade pública, mas falta também boa vontade humana.

Fóruns para exibir serviços de vitrine não servem. Precisamos mesmo é de ação. Mulheres sofrem e morrem por estarmos confortáveis demais.

Vejamos um gráfico publicado pelo portal globo.com:

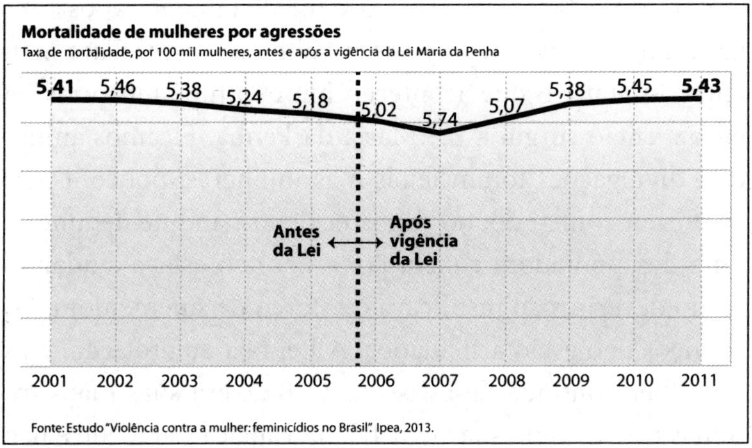

Fonte: adaptado de g1.globo.com (25/9/2013).

A Lei Maria da Penha não reduziu a morte de mulheres por violência, segundo o Instituto de Pesquisa Econômica Aplicada (Ipea).

Ao me deparar com esse gráfico, percebi que não temos grandes motivos para comemorar, e sim muito que discutir. Apesar de ter entrado em vigor desde 2006, os resultados são acentuadamente tímidos. Seria esse um bom motivo para desanimarmos com a lei? Absolutamente. Mas é, sem dúvida alguma, motivo para nos causar indignação. É isso! Precisamos abandonar o *mor-*

nismo e sentir a indignação tal qual merece o fato de mulheres ainda serem agredidas e pior, mortas pela violência doméstica.

Conforme o Ipea constatou, houve apenas um "sutil decréscimo da taxa no ano 2007, imediatamente após a vigência da lei", mas depois a taxa voltou a crescer. Para meu entendimento, o que aconteceu foi: não tínhamos uma lei eficaz, então surgiu a Lei Maria da Penha. Ficamos animadas, divulgações foram feitas e as mulheres, pouco a pouco, foram confiando; no decorrer de um ano de denúncias, uma desapontadora conclusão: a Lei não estava ajudando como deveria, não justificava o esforço de sua mentora. Os serviços não estão articulados. A Lei fala de proteção, mas a mulher continua desassistida. O B.O. em suas mãos trêmulas não diminui sua angústia, não aplaca seu medo e não traz ações que alcancem sua família.

Então é preciso pensar melhor na lei. Trata-se de uma legislação que envolve o comportamento do ser humano, especialmente no que se refere à proteção à mulher, conforme o artigo 7. Os serviços precisam chegar até elas. As cinco formas de violência devem ser consideradas para evitar dúvidas, porém, com os sete anos da lei, ela já reclama revisões.

Importante lembrar que a lei só surgiu por meio de um processo perseverante de resiliência de uma mulher que sofria com a violência doméstica, Maria da Penha Maia Fernandes, que sofreu violência pelo marido durante seis anos.

Ele tentou assassiná-la, por ciúmes. Na primeira vez, com arma de fogo, deixando-a paraplégica, e na segunda, por eletrocussão e afogamento. Após essa segunda tentativa de homicídio, ela tomou coragem e o denunciou. Como suas denúncias não lhe trouxeram resultados, o Centro pela Justiça pelo Direito Internacional e o Comitê Latino-Americano e do Caribe de Defesa dos Direitos da Mulher (Cladem), juntamente com a vítima, formalizaram uma denúncia à Comissão Interamericana de Direitos Humanos da Organização dos Estados Americanos (OEA), que é um órgão internacional responsável pelo arquivamento de comunicações decorrentes de violação desses acordos internacionais. Quantas Marias morreram antes disso, e quantas estão no mesmo caminho.

Em uníssono, precisamos bradar: cumpra-se! A Lei Maria da Penha é para ser cumprida. Ela não é uma lei que responde por crimes de menor potencial ofensivo. Não é uma lei que se restringe a uma agressão física. A Lei n. 9.099 era mais que ultrapassada, pois não contempla a inquietude que esse fenômeno envolve. Todo diploma que diz respeito à atividade do ser humano precisa de renovação. Mas antes que a lei possa ser exequível, ela precisa ser conhecida, reconhecida e implantada. É preciso haver vontade política para articular os serviços já existentes e coragem para implantar os não existentes.

É preciso conhecer mulheres. Tem de haver uma experiência mínima de escuta genuína da mulher sob vários aspectos para, em um futuro próximo, poder auxiliá-la no contexto de violência. Em suas narrativas, não é raro pegá-las em estado de confusão, de dúvida e, por vezes, fantasia.

Além de otimismo, precisamos carregar uma boa dose de realismo para termos condições de elaborar um serviço funcional. Se não o for, é preferível não o fazer, pois do que nos adiantaria ressuscitar os mortos para matá-los novamente? Se a lei diz, se a lei prevê, por que isso não ocorre?

A luta de uma mulher que milagrosamente não morreu não pode ser negligenciada. A culpa não é do diploma, mas de ações públicas que tenham DESEJO, consciência e compromisso. Que nosso desejo de justiça se ajuste minimamente à nossa conjuntura.

Pensem: há condições de esse dispositivo ser exercitado? A comunicação e a escuta de quem está na ponta dos atendimentos precisam ser exercitadas. Observe que reunião mais bela (perdoe o romantismo, mas é minha paixão pela causa): um prefeito, um juiz, um promotor, um secretário de saúde (violência é uma questão de saúde pública), o delegado "dos homens", a delegada "das mulheres" e a equipe de atendimentos: psicólogos das unidades básicas de saúde (UBS) – eles sabem muito, creiam –, assistentes sociais e alguns outros serviços. Mesa grande, cheia, transbordante de boa vontade e compromisso, pouco, muito pouco salto alto.

A leitura da lei é difícil, precisamos do serviço de prevenção. Necessário "traduzir" a lei para quem eventualmente venha precisar dela, ou as mãos participantes do serviço, ou seja, todos nós, uma vez que a violência não escolhe classe social, escolaridade, cor, raça ou credo, pode não ser conosco, mas pode ser com um funcionário seu, um amigo, um parente.

A Lei Maria da Penha impacta porque a gravidade do crime impressiona pessoas, mas será possível que iremos guardar nossa indignação apenas para os casos graves? Não, não depois de Maria da Penha. Mas, por que cuidar desse homem? Entender o homem em sua individualidade e contexto social é muito mais do que jogar alguém na prisão, resultado redutível de alguém que pode ser mais. O homem que comete a agressão precisa de ajuda.

Realizar grupos de maneira atraente, curativa, reparadora e construtiva. Olhar para o contexto que leve em consideração os antecedentes desse homem, sua família de origem e atual, seu trabalho, renda, alcoolismo, desemprego. Do contrário, os atos teriam sempre a reclusão como mesmo fim. A Vara Especial em São Paulo deu um exemplo acerca do entendimento sobre a violência doméstica. Em parceria com uma ONG, encaminha o homem autor de agressão para grupo de reflexão. Isso que é visão social!

Outro agravante é o uso de álcool, que, apesar de não ser considerado responsável direto pela violência, é um dos fatores, pois se observa que as ocorrências acontecem, geralmente, a partir da sexta-feira à noite e adentram o final de semana, e a vítima quase sempre relata que o companheiro estava fazendo uso de bebida alcoólica.

Além disso, a linguagem, quando utilizada para despertar emoções de origem agressiva das pessoas, pode ser tão violenta quanto a força física, de modo que a incapacidade de se comunicar denuncia a deterioração dos vínculos entre as pessoas.

Quanto ao agressor, a Lei Maria da Penha reza no seu Artigo 35, inciso V, que este deve ser inserido em centros de educação e reabilitação, ao passo que à vítima cabe assistência, ou seja, prevenção e proteção.

Do quanto exposto, têm-se de um lado as delegacias especializadas no atendimento à mulher (DEAM) que acolhem a vítima e, de outro, o próprio agressor que, quando comparece, não sabe, nem lhe é esclarecido, que tem direito a participar de centros de educação e reabilitação. A orientação, que poderia ser oferecida por profissionais de psicologia e áreas afins, com o intuito de fazê-lo perceber a necessidade de participar de programas *psicoeducativos*, mostra a ambos (homem/mulher, mulher/mulher, homem/homem) o quanto estão implicados no fenômeno, bem como alerta para a extensão das consequências desses atos sobre os demais membros da família, principalmente as crianças.

De modo geral, as mulheres que vão à DEAM estão mais desejosas de recuperar seus companheiros do que de puni-los. É assertivo que as delegacias tenham um olhar compromissado com a família, pois os envolvidos precisam se conscientizar de que tais atos deixam sequelas invisíveis e, às vezes, irreversíveis nas crianças que poderão reproduzir atos violentos. Ora, apesar de saber que o álcool não pode ser responsabilizado pela violência propriamente dita, sabe-se que quaisquer substâncias psicoativas podem potencializá-la. Está aí uma ótima oportunidade dos serviços públicos trabalharem com interesse e *sincronicidade*. É uma rede tão falada e tão pouco articulada.

Nada justifica a violência, mas algumas situações merecem ser observadas mais de perto. A violência doméstica é um fenômeno perigoso, na maioria das vezes silencioso, que tem um espaço assustadoramente grande na vida íntima de muitas mulheres. Engana-se quem pensa que a violência doméstica é um perigo que só permeia as classes menos abastadas. Ela está presente em todas as classes sociais, mas apresenta-se em diversas roupagens: pode ser física, moral, psicológica, sexual ou patrimonial. Aos homens também deve ser dada oportunidade de escuta despida de preconceito e, se eles assim o desejarem, de acolhimento terapêutico.

Ninguém gosta de apanhar. Muitas vezes, a mulher ama o marido, mas odeia a agressão. Por vezes, ela também depende dele como provedor da casa e não deseja a separação, deseja que a violência cesse. E ela não pode ser julgada por desejar permanecer com ele. É contextual. Precisamos olhar para o que ela deseja para a vida dela, que não é a nossa! A escolha é dela.

A Lei Maria da Penha veio contribuir para coibir a violência doméstica, mas sozinha não a resolve, porque todas as ações para esse fenômeno precisam se unir. É um trabalho multidisciplinar e requer rede de assistência e boa vontade política (ingrediente mais raro a cada dia). A cereja do bolo para esse trabalho tem de ser a constituição de um atendimento especializado e competente que contemple, no leque de suas ações, uma atenção para os homens que cometem agressão. Acreditem, eles também precisam de ajuda e de tratamento.

Já ouvi inúmeros casos de homens que apanham de suas esposas, mas as pessoas riem. Conheço inúmeras histórias de homens que são desqualificados por seu trabalho ou salário e isso é motivo de vergonha, mas eles não têm a quem recorrer. Histórias de homens que são violentos porque viveram essa mesma história na casa deles quando eram apenas crianças indefesas.

Não, não penso que eles sejam vítimas, mas se desejamos uma sociedade justa e harmoniosa, precisamos olhar com senso de justiça e promover ações que auxiliem mais as pessoas, do que elaborar apenas leis que as castiguem. Esses homens precisam de tratamento e apoio, alguns de punição. Mas, cautelosamente, temos que avaliar e cuidar de cada caso. Só os afastar do lar não resolve o problema, precisamos cuidar da mulher e do homem e inclusive das crianças; do contrário, permaneceremos amargamente mais uns anos enxugando gelo.

O Barba Azul

Era uma vez um homem muito rico, mas que, por ter a barba azul, afugentava todas as mulheres. Ele também havia se casado várias vezes e suas esposas tinham desaparecido misteriosamente.

Um dia, conquista uma jovem dama, casa-se com ela, lhe dá todas as chaves da casa, mas a proíbe de entrar no porão. Tomada pela curiosidade, a mulher visita o quarto durante uma viagem do marido e constata que ele estava repleto de cadáveres pendurados e o chão, coberto de sangue.

A chave cai de sua mão e fica manchada de vermelho para sempre, denunciando sua traição ao tenebroso protagonista, que pretende matá-la como fez com suas antecessoras. Por sorte, os irmãos da jovem chegam a tempo de salvá-la, e ela termina herdando toda a riqueza do Barba Azul.

Com moral ambígua, o texto, por um lado, sugere que errar é humano e mais vale perdoar; mas também critica o comportamento das mulheres – será que o monstro é mesmo o Barba Azul, que oferece sua confiança e morre traído? Ou será a mulher vítima de um predador incansável, que sempre se repete? O Barba Azul é uma fonte de inspiração inesgotável: originou livros, filmes, óperas e até balés.

Eu, Teresa

"Moramos em uma casa humilde, mas construímos um sobradinho, porque meu filho não é filho do meu marido, então ele precisava de um quarto só dele. Meu marido é muito trabalhador, um homem bom, não deixa faltar nada em casa, não fica em bar nem se mete em confusão.

Mas, quando ele chega em casa, tudo que meu filho faz incomoda ele, parece que até a respiração do meu menino, se estiverem no mesmo sofá vendo o jogo, incomoda. Eu já nem sei o que fazer. Meu filho é bom, e o danadinho gosta do pai. Ele também sabe que não é filho dele. O pai dele me abandonou quando ele era pequenino. Quando me casei com esse marido, ele prometeu que iria me ajudar a criar o filho como se fosse dele, mas essa promessa não foi cumprida, mas é um homem bom, não deixou nunca faltar nada pra nós dentro de casa.

Numa tarde, ele chegou do trabalho, como sempre cansado, né (ele é muito trabalhador e todos gostam dele no serviço, dizem que ele é o melhor funcionário), e começou numa discussão com meu menino que não tinha fim. Eu fiquei assustada, mas para não interferir, continuei lavando a louça, mas a discussão foi tanta que ele começou a bater em meu filho. Ah, aí não deu pra segurar, fui pra cima dele e gritei pro meu filho:

– Corre, vai pra rua, sai daqui um pouco.

Meu filho correu, eu comecei a apanhar no lugar dele, mas esse homem tinha tanta força, batia tão forte e com uma pancada na cabeça, eu desmaiei. Então ele me pegou nos braços e subiu para a laje do sobradinho. Enquanto isso, meu filho estava na rua, ele estranhou que eu gritava e de repente parei, então ele ficou na esquina com uns amigos esperando para voltar e me ver.

Mas ele viu uma cena bem diferente. Da esquina ele viu surgir meu marido, no alto da laje comigo nos braços, desmaiada. De lá do alto, simplesmente me jogou para o chão.

Todos os vizinhos viram, foi uma gritaria, um corre-corre, mas os vizinhos não deixaram ele escapar, não. Chamaram ambulância e polícia e seguraram ele lá. Só não o lincharam porque todos gostavam dele, até aquele dia. Meu filho ficou enlouquecido.

Quando acordei, estava no Hospital das Clínicas. Disseram-me que eu fiquei em coma por sete dias e tinha inúmeras costelas fraturadas. Ele foi preso, mas por ser réu primário, trabalhador e isso e aquilo, foi logo solto.

Depois de dois meses, voltei pra casa, uso um colete especial para alinhar minha coluna, meu filho que me ajuda na casa, e meu marido, ele agora me liga de vez em quando. É. Ele liga porque disse que na cadeia ele se converteu, que o pessoal do trabalho pagou um bom advogado, aceitaram ele trabalhar e dormir no emprego. Ele fala que se arrependeu e me ama. Eu estou pensando em dar uma chance, ele é um homem tão bom..."

O predador é também um sedutor. O Barba Azul não era aparentemente mau, mas praticava o mal na intimidade do lar. Precisamos estar atentas e verificar se temos um predador em nossa vida:

- Questionar as ordens do predador.
- Descobrir o que há dentro de mim: autoconhecimento, terapia, orações e reflexões. Autoquestionar-se: o que eu quero? Se continuar assim, o que poderá acontecer? E se mudasse, como eu seria?

- Conhecer intimamente o que já conhecemos superficialmente. São chaves que abrem portas! O que está atrás da porta? O que não é o que aparenta ser? O que sei no fundo de mim mesma, que preferia não saber ou enfrentar? Que parte de mim foi morta ou está agonizando?
- O olhar não pode concordar em ser vítima, não é bom olhar para o predador tão servil. O predador tem capacidade paralisante, suga sua energia. Há mulheres que trabalham tanto, mas não podem dirigir o carro do marido!
- A cultura ajuda a curar, o conhecimento nos fortalece, a família tem essa propriedade.

Ele não quer que você veja, que tenha *insight* (que é o cair da ficha das ideias, um momento de lucidez, de clarão, em que, em meio à escuridão, passamos a enxergar o que antes não víamos, é a sacada da percepção da situação; normalmente, temos *insight* durante o processo psicoterapêutico, mas pode ocorrer fora dele, eventualmente), não quer que você fale, não quer que você aja. A consciência é a saída da caixa (caixa de tortura); quanto mais você se apropria de quem você é e daquilo que deseja ou necessita para ser feliz, mais condições terá.

Escutei muitas mulheres que não trabalham fora, mas limpam a casa diariamente, lavam roupa, passam, lavam tapetes e cortinas (tudo em casa), cozinham, cuidam dos filhos, resolvem tarefas domésticas, enfim, são trabalhadoras de primeira. Mas mantêm-se prisioneiras. Temem pedir dinheiro ao marido, porque acreditam que o dinheiro é só dele porque é ele quem trabalha fora (que engano cruel!), ficam como verdadeiros passarinhos, com água, comida e gaiola. Mulher, se você soubesse quão valorosa você é...

As mulheres que tentam tornar invisíveis seus sentimentos mais profundos estão se entorpecendo. Mulheres de condições financeiras elevadas aguentam, caladas, sussurros de agressão e palavras por entre os dentes. Mulheres eruditas ainda sucumbem a apertões nos braços e sacolejo com ameaças para continuar em silêncio.

IV Parte

Trabalho

Sucesso

Considero muito bom buscar o sucesso, mas não permitir cegar-se por ele nem com ele. Como dizia Chico Anysio, "sucesso é um acidente de percurso", não espere que ele dure eternamente, saiba aproveitá-lo. Nem tudo o que fazemos tem que ser um sucesso, às vezes basta ter sido bom. Sucessos são realizações, ora simples, ora bem complexas.

Os sonhos são como o combustível para a estrada da vida, mas não posso permitir que eles sejam tiranos a ponto de me sufocar ou me cegar para as conquistas mais singelas, rotineiras, mas não menos importantes do que já adquiri. De todas elas, ter as pessoas que tenho hoje, vivas em minha vida, já é uma grande dádiva.

Há pelo menos três ideias errôneas sobre sucesso de que precisamos nos livrar:

1. Sucesso é ser líder de algo, é ser o chefe sempre.
2. Bem-sucedido é aquele que é feliz no casamento, na carreira, nos estudos, sempre e todos os dias.
3. Sucesso é ter tudo o que se deseja (consumismo), é ter muito dinheiro.

Apesar de parecerem óbvias, essas ideias são sem dúvida as mais recorrentes quando se pensa em sucesso, sendo que o dinheiro apareceria em primeiro lugar na maioria das situações.

A mulher e a carreira: Marta ou Maria?

Lembro-me de quando era criança, na escola, as professoras diziam que nossas mães eram rainhas do lar. Eu achava aquela denominação algo lindo, mas pensava na riqueza e beleza que as rainhas deveriam ter, na minha infantil imaginação.

Eu demorei para crescer e amadurecer, mas passei a observar as rainhas. Elas têm algo em comum: a coroa. A rainha Elizabeth usa sempre chapéu. Símbolo de poder, de autocontrole. Tentativa de enfeitar o que lhe é mais precioso no corpo: sua mente, sua razão, sua sabedoria. A mulher que se casa e constrói uma família inicia um processo de chefia e gerenciamento, independentemente da questão financeira. Ela nem sempre se vê assim, mas é ela quem coordena tudo.

Na história de Marta e Maria, as escrituras (Lucas 10; 38-39) revelam algo assim:

> Marta queria receber bem, cuidar, lavar, prestar serviços, cumprir a função de boa anfitriã, enquanto Maria desejava conversar. Ela queria aproveitar a visita em seu melhor: as histórias. Então Marta, indignada, chamou a atenção de seu convidado, dizendo que Maria não estava ajudando, e Ele em sua infinita sabedoria respondeu:
>
> – Marta, Marta, você está muito ansiosa e está se ocupando com muitas coisas.

Tomo como um conselho muito sábio para nós, Martas, que trabalhamos demais. Será que não está na hora de tirar o pé do acelerador? Já pensou em ganhar mais? Muitas vezes? Resposta de Marta. Já pensou em ganhar menos, porém ter tempo para as coisas mais preciosas da vida, como ir ao cinema com os filhos num dia de semana, ir à reunião escolar sem pressa de sair atropelando outras mães? Morar em sua casa para curti-la, e não apenas para dormir nela? Resposta de Maria. Simples assim.

Participei numa mesma manhã de duas rodas de conversa: a primeira defendeu veementemente a proposta da mulher Marta, já a segunda roda levantou as seguintes questões:

1. Ser chefe é bom? Trabalhar fora é bom?
2. Perdemos em ser chefe de família? Quem foi mais chefe de família, a mulher de antes ou de agora?

Um grande número de mulheres líderes perde a doçura no trato com seus colaboradores, tornando-se mais duras ou mandonas. Por exemplo, o filme *O diabo veste Prada*. As repartições públicas contam com muitas desse tipo, mas existe também a líder que teme a perda de sua aceitação. A dúvida do limiar entre ser boa ou boba. Então pode agir com exagerada norma para proteger-se de uma possível manipulação, funciona como um mecanismo de defesa, mas pode ser cruel.

A cobrança social é um peso para a mulher ainda hoje. A mulher tem medo de chocar a sociedade, falar duro ou de mansinho conforme a ocasião. A mulher madura ainda tem receio de virar a mesa totalmente.

E até nos relacionamentos algumas mulheres desejam (de forma camuflada) mais um pai do que um marido. Alguém que cuide dela, que a proteja e ofereça sábios conselhos.

As mulheres entraram para o território público e profissional, mas os homens não assumiram, no território privado, a divisão de tarefas em igual proporção. Isso só pode gerar um desequilíbrio. O universo privado precisa ser valorizado como espaço para desenvolvimento de ambos. A negociação e a renegociação margeiam as relações mais saudáveis.

As ações da mulher que trabalha fora se tornam vastas, amplas. Elas acabam sendo responsáveis pela formação da criança, portanto, responsáveis pela formação do cidadão. Quando se vê como chefe de família, lembra o exemplo da mãe. É *intergeracional*. Na maioria das vezes, casar é um sonho de princesa. Existem mulheres que se tornam amargas quando se veem como arrimo de família, ou exercendo a função doméstica que, não raro, lembra sua mãe, uma história que ela não quer repetir. O trabalho é bom, independentemente da necessidade. Chefe precisa preocupar-se mais com o outro; assim como a mãe, é dar, investir tempo, paciência, explicações, aprendizagem.

Hoje, a mulher se valoriza mais, porém a cultura machista ainda é muito forte. Ela fica mais seletiva. Ela passa a desejar, ser feliz. Temos avanços, mas precisamos oportunizar ações efetivas. A mulher ainda tem uma visão machista sobre si e um exemplo disso é quando vai para uma entrevista de emprego e afirma que tem filho, mas que o chefe nem perceberá porque ela não deixará que a maternidade "atrapalhe" ou interfira em seu trabalho.

Da mesma forma em casa, algumas vezes, ela se compromete com o marido dizendo que ele nem perceberá que ela não ficará em casa, pois ela deixará tudo funcionando como antes. Não negociar as tarefas domésticas é pesado e injusto.

Poder é coisa de homem? Mulheres se desdobram para as mesmas tarefas de um homem no trabalho e enquanto eles são admirados no sucesso, as mulheres ainda seguem invejadas, no sentido pejorativo da palavra. As próprias mulheres, na maioria, ainda contemplam uma ascensão profissional com desprezo e desqualificação (comentários mesquinhos podem surgir: ela só pode estar saindo com o chefe).

Inveja

Ela é presença assídua entre as mulheres, porém existe um limite tolerável para vivermos ao lado dela, há um limite que se torna insalubre. Por vezes, você tem algo, objeto de desejo, que para você não chama tanta atenção, mas é motivo de cobiça, é um desejo para algumas inatingível; pode ser marido, filhos, salário, promoção, beleza, qualquer coisa. Contudo, quando essa contaminação passa os limites da normalidade, a inveja começa a ser nociva e destrutiva porque incita no outro o desejo primitivo e perverso de destruir o que não pode ter. Elas investem na destruição da sua imagem por meio da força das palavras. As fofocas.

Vale lembrar que o avesso do amor não é o ódio, que fica revolvendo a pessoa e inquieta sua alma e desenfreia sua língua. Se a pessoa possui tamanha necessidade de atacar a outra, é porque está, sim, identificada com ela; projeta na outra seus desejos porque não os consegue realizar em si. Colegas de trabalho mal resolvidas sempre valorizam mais o que a outra tem. Quem não te inveja te deleta.

Finanças e nossa falta de educação

Você se considera sem educação? E sem educação financeira? A mídia e a sociedade incitam-nos a desejar coisas o tempo todo, mas não nos ensinam a viver a plena satisfação delas. Estamos sempre em busca do novo, do melhor e, por vezes, do mais caro.

O grupo Titãs, em 1987, cantava: "A gente não quer só dinheiro, a gente quer dinheiro e felicidade. A gente não quer só dinheiro, a gente quer inteiro e não pela metade. Comida é pasto, bebida é água, você tem sede de quê?".

Numa letra aparentemente despretensiosa, eles nos ensinam a pensar, questionam qual é o nosso vazio. Fazer compras estando triste é fazer operação tapa-buraco. Gosto da economista Mara Luquet porque ela não conversa com a gente do Olimpo; ela se mostra alguém comum, como eu e você, e conta isso sem vergonha alguma em seu livro *Tristezas não pagam dívidas*.

A questão é que precisamos enxergar ou assumir que o nosso erro mais comum com as finanças é tentar suprir um vazio (que normalmente é afetivo) por compras. À medida que compro, adquiro, sinto-me mais completa, mais poderosa, o que é um engano, pois essa sensação é momentânea. Depois, o vazio permanece, você volta a senti-lo e volta a comprar, e de novo, e de novo, e de novo...

Para enfrentar dificuldades na vida e partir para a resolução, precisamos enxergar o panorama com clareza. Então vamos lá: a vendedora não é sua amiga, ela é funcionária e o trabalho dela é vender. Ela não está preocupada se você tem ou não o dinheiro, ela quer vender, esta é sua relação com ela, comercial, por isso nada de dizer a ela sobre sua vida, sua tristeza, que seu marido foi embora, etc. Ela pode ajudar muito em uma coisa: pode fazer você afundar-se ainda mais.

Quantos já se desentenderam com um amigo ou parente por causa do dinheiro? O que é o dinheiro para você? Quando eu era adolescente e comi uma pizza pela primeira vez, me apaixonei. Com toda a força da palavra, paixão. Eu queria comer pizza todos os dias, o que é impossível. Então eu queria todo fim de semana, mas o dinheiro não dava. Então eu comia uma vez por mês. Hoje, trabalhando, eu posso comprar pizza todos os dias. Mas eu devo? Essa paixão pode me levar à morte; o desejo desenfreado pode ser fatal.

A Bíblia diz que: "O amor ao dinheiro é a raiz de todos os males" (I Tim. 6:10, 11). Não é o dinheiro, é o sentimento que você desenvolve por ele. Ela nos ensinou sobre isso porque sabe a sedução e o poder que ele traz. Das 38 parábolas de Jesus, 16 referem-se a dinheiro ou bens. Não foi à toa tamanha preocupação.

Problemas financeiros podem causar problemas no relacionamento familiar, separar casais, romper amizades e outros danos. Podemos ajudar sem nos comprometer.

A Bíblia fala de dinheiro 2.350 vezes; sobre fé e oração fala aproximadamente 500 vezes. Quero frisar que ter dinheiro não é pecado. Só não podemos amá-lo e fazer mau uso dele. Dinheiro não traz felicidade, isso é fato. Evite endividar-se. Faça uma reflexão antes e depois de sua compra, invariavelmente! Seja sábia em poupar e, de preferência, não conte a ninguém porque isso aumenta o assédio das pessoas sobre você; falar sobre suas economias ou bens pode abrir um precedente inadministrável. Assim, um ou outro colega pode pensar que o dinheiro que ele tanto precisa poderá vir de você como um empréstimo, e você ficará numa saia justa ao negá-lo, pois, como todos dizem, emprestar ao amigo pode ser um risco: perder o dinheiro ou perder o amigo. É difícil arriscar.

Preserve seu nome e sua honra. É pacífico viver com a tranquilidade de termos o nome limpo, saber que, numa emergência (caso de vida ou morte, mesmo), poderemos pedir um empréstimo ao banco do dia para a noite, fica mais confortável viver. Gozar de um bom nome é também amistoso.

Ensine aos filhos sobre dinheiro. Mostre proporções, a recompensa do trabalho e uma boa administração dos rendimentos. Não confie na sua riqueza. Se hoje temos, amanhã não sabemos, por isso é sábio poupar e viver financeiramente de forma equilibrada.

Trabalhe com entusiasmo. O trabalho não é um castigo, é uma forma de viver. É ele quem nos traz o dinheiro para sobrevivência, mas é ele também que nos proporciona bons momentos, novas amizades, novos conhecimentos. Não pode ser um pesar, é para ser vivido.

Não adie, faça hoje. Nossa competência não pode depender de um salário melhor, de um dia melhor. Dê o melhor de si hoje e amanhã você já terá outro recurso disponível ou ao menos aprimorado para oferecer ao trabalho e a si mesma. Ampliar nossos limites, usar mais nosso recurso interno. Você é muito mais capaz do que pensa.

E que tal a história de nossos pais comparada à nossa história financeira? Igual, pior, melhor? Quantos estão copiando, quantos evitando? Nós carregamos essa educação em aspectos *intergeracionais*. Meu pai não tinha dinheiro sobrando, porque éramos em muitos filhos, porém nunca recebemos um cobrador em casa, porque nem ele e nem minha mãe faziam dívidas. Quando nós, filhos, desejávamos alguma coisa, ele comprava se pudesse; quando não podia, logo dizia:

– Não tem, não dá, não posso.

Viver essa frustração nos fortalece diante das seduções da vida, mas o cuidado extremo com o dinheiro pode ser tão prejudicial quanto a regalia. A rigidez, a avareza adoece a alma e a família. Dinheiro deve nos servir em nossas necessidades e alegrias, dentro de um pensamento minimamente organizado e prudente.

Ei, mas não esqueça: você precisa consultar em sua agenda. Sabe quando? Quando você se esforça para comprar aquele tênis supercaro para o seu filho, mas não tem coragem de pagar caro em uma sandália para você. Todos têm direito; se o dinheiro não dá pra tudo (e nunca dá mesmo), então faça um planejamento. Não precisa entender de economia, escreva num papel brochura mesmo. Quanto se ganha, despesas da casa, desejos de cada um para aquele ano e organize-se. Só não esqueça que, na hora de cortar os gastos, você não pode cortar a qualidade de vida. Precisamos fazer podas nos galhos porque se passarmos o machado no caule, ninguém resiste.

Finanças precisam de conversa. A criança precisa saber que o banho consome água e energia, isso custa dinheiro (além do prejuízo ao meio ambiente, mas este é outro assunto). Jovens precisam saber sobre os gastos com telefone. Todos podem contribuir, ou todos irão pagar.

Se você não é rica e está pensando em mudar de emprego, então se lembre dos conselhos básicos dos economistas:

1. Ter um guarda-chuva salarial, ou seja, se estiver pensando nisso, comece a economizar; para tomar tal decisão, você precisa contar com uma reserva técnica. O valor sugerido é o de cinco vezes o seu salário atual. É o mínimo do planejamento.
2. Como conseguir: poupança programada. Meses antes da decisão, faça sua poupança reservada, aí o gerente pode ajudar; eles ficam felizes com isso, já debita do seu salário automaticamente. Mas não deixe de traçar metas e objetivos para sua vida.

É preciso sonhar até com coisas materiais. Isso pode ser um combustível que lhe trará mais força para atingir sua meta.

Mensagem especial para você: você não é a salvadora da pátria! Não podemos carregar a família toda nas costas, é muito peso para nós. Podemos ajudar, mas não resolver os problemas financeiros dos outros. O dinheiro que "sobra" é a sua reserva. Lembre-se do mês de janeiro, as despesas triplicam, então fazemos um "pé de meia" já em novembro.

Agiota!!! Um filme de terror, nunca utilize esse recurso. TPM, ansiedade, tristeza são situações que você pode e deve resolver, sem compras, mas com organização de seus próprios afetos.

Necessidade de pertencimento: se a pessoa está num determinado grupo de pessoas que têm um poder aquisitivo maior que o seu, e tenta permanecer no grupo, igualando seus gastos, não se trata de um comportamento inteligente. Autenticidade é sempre o melhor para se viver, assumir nosso orçamento e nossas possibilidades.

Para concluir, nossa felicidade não depende da quantidade de dinheiro. O seu tesouro estará onde você investir muito de suas preocupações e afetos. Qual a importância do lazer e do convívio familiar na sua vida? O que é ter qualidade de vida? Não ceda às tentações da sociedade de consumo. Riqueza na terra é passageira. Lembre-se do exemplo dos faraós: fizeram de tudo para transportar suas riquezas, no entanto, elas ficaram aqui.

Dizem que, quando estava à beira da morte, Alexandre, o Grande, convocou os seus generais e relatou seus três últimos desejos:

1. Que seu caixão fosse transportado pelas mãos dos médicos da época.
2. Que fossem espalhados no caminho até seu túmulo os seus tesouros conquistados (prata, ouro, pedras preciosas...).
3. Que suas duas mãos fossem deixadas balançando no ar, fora do caixão, à vista de todos.

Um dos seus generais, admirado com esses desejos insólitos, perguntou a Alexandre quais as razões. Alexandre explicou:

– Quero que os mais iminentes médicos carreguem meu caixão para mostrar que eles não têm poder de cura perante a morte. Quero que o chão seja coberto pelos meus tesouros para que as pessoas possam ver que os bens materiais aqui conquistados, aqui permanecem. Quero que minhas mãos balancem ao vento para que as pessoas possam ver que de mãos vazias partimos.

E assim acredito que seja.

Diante do Trono

Não tenho palavras pra agradecer Tua bondade
Dia após dia me cercas com fidelidade
Nunca me deixes esquecer
Que tudo o que tenho
Tudo o que sou
O que vier a ser
Vem de Ti, Senhor
Dependo de Ti
Preciso de Ti
Sozinho, nada posso fazer.
Descanso em Ti
Espero em Ti
Sozinho, nada posso fazer.
Tudo o que tenho
Tudo o que sou
O que vier a ser
Vem de Ti